# ~~SUR~~VIVRE

Shana KRIEF

# ~~Sur~~vivre

© 2023 Shana Krief
Édition : BoD – Books on Demand, info@bod.fr
Impression : BoD – Books on Demand, In de Tarpen 42,
Norderstedt (Allemagne)
Impression à la demande
ISBN : 978-2-3221-0244-0
Dépôt légal : Fevrier 2023

*À ma mère qui me soutient depuis toujours et sans qui je ne serais pas là aujourd'hui.*

*À mon père, qui tente depuis des années de comprendre sa fille si différente et complexe.*

*À ma sœur, Salomé, qui essaie d'être la meilleure sœur du monde pour m'aider à avancer.*

# PREFACE

Si un jour j'écrivais un livre je voudrais qu'il soit lu par toutes les jeunes filles qui se sentent perdues, qui souffrent trop, qui se demandent comment elles vont s'en sortir et même parfois, si elles vont s'en sortir.

Je voudrais aussi que ce livre soit lu par les jeunes garçons qui doivent comprendre leurs émotions et évoluer dans un monde qui n'est pas toujours aussi beau et simple que dans les contes de fées.

Je voudrais également que ce livre soit lu par les parents de jeunes personnes en détresse. Bien évidemment ce livre ne traiterait pas de tous les traumatismes et ne fournirait pas de clefs magiques pour s'en sortir, mais je pense qu'il pourrait permettre de comprendre certaines choses, de débloquer certaines situations…

Je ne voudrais pas dédier ce livre aux amoureux des mots qui cherchent à apaiser leurs maux. Non, pour ceux-là j'en écrirai un second.

Enfin, tout cela serait possible si un jour j'écrivais un livre. Pour raconter quoi ?

Mon histoire ! Oui je sais… grand nombre d'entre vous n'en ont absolument rien à faire de mon histoire. Imaginez-vous, si Beyoncé écrivait son histoire, il n'y aurait même pas la moitié de la population qui la lirait.
Alors mon histoire… mais je vais vous la raconter d'un point de vue émotionnel, je vais vous partager ce que j'ai vraiment ressenti, comment on s'en sort, ou en tout cas comment je m'en sors les mauvais choix et les bons. Enfin bref, je vais essayer d'être la plus vraie possible pour que mon histoire serve

à un maximum de monde.

Ça y est, je me mets à parler au présent… je crois que je suis en train de le faire… j'écris un livre, mon premier livre !

Ce livre va aborder des sujets compliqués, des traumatismes, la peur de l'abandon, la dépendance affective, les agressions sexuelles et bien d'autres sujets pas très vendeurs, dont on ne parle généralement pas en introduction, je crois qu'on appelle ça une préface dans un livre.

Ce livre ne va pas faire pleurer, enfin je ne l'espère pas, nous ne sommes pas là pour raconter des traumatismes en détail, mais pour observer comment on peut s'en sortir et comment appréhender une nouvelle vie après des traumatismes.

Je dis souvent que je suis morte à 18 ans. Je ne veux pas spoiler[1] mais c'est à cet âge-là que j'ai subi mon premier viol.

Je suis morte ce jour-là et les deux années qui ont suivi ont été de la survie.

Vous le verrez à travers ce livre, j'emploie souvent des images pour parler de ce que je ressens. Donc cette période de survie pourrait être imagée par le fait de flotter dans l'eau, juste en dessous de la surface. Avec l'impossibilité de sortir, de respirer convenablement et de s'en sortir. Mais avec toujours une narine frôlant assez la surface pour ne pas complètement périr.

Nous aborderons la survie dans l'un des chapitres.

Dans ce livre, je vais tenter de partager certains conseils qui ont pu m'aider ou qui m'aident encore actuellement. Ces derniers seront à chaque fois résumés dans un petit paragraphe précédé de ce pictogramme →.

---

[1] Dévoiler la fin de quelque chose, d'une histoire, en avance, en gâchant l'effet de surprise

J'aimerais que ce livre soit à la croisée des mondes, entre un livre de développement personnel et un partage de mon histoire.

Je souhaite pouvoir partager ma manière de penser le monde, la positivité dont je me sers chaque jour pour remonter la pente.

Je souhaite que ce livre soit un encouragement pour toute personne se disant qu'il n'est plus possible de s'en sortir. Qu'il vous encourage à vous raccrocher à quelque chose.

Faites ce que vous voulez de ce livre, vous pouvez surligner, annoter, photographier, partager… Et si l'envie vous en prend, après l'avoir lu, vous pouvez le racheter pour l'offrir à quelqu'un qui en a besoin.

J'aimerais que ce livre soit une sorte de cahier de route vers une vie meilleure…

Je dédie également ce livre à toutes les personnes qui ont su m'écouter, s'adapter et parfois souffrir de ma situation et de mes changements d'états.

Je parle ici de mes amis, de mes proches et surtout de ma famille. Maman. Papa. Salomé. Ce livre est aussi une carte au trésor pour mieux comprendre tout ce que j'ai pu ressentir et tout ce que je peux encore rencontrer comme difficultés…

C'est aussi un moyen de mieux comprendre qui je suis aujourd'hui, une personne si différente de celle que vous aviez à vos côtés il y a encore un an.

Ce livre est enfin là pour nous rappeler que je l'ai fait, que je suis toujours là et que vous y êtes pour quelque chose. Je vous aime infiniment. Merci.

*Je laisse une page vide car j'ai souvent vu les gens faire ça dans les livres, mais en vrai, ce n'est pas super écolo…*

## PAR OU COMMENCER ?

En fait c'est dur de commencer un livre, je ne suis pas là pour faire mes mémoires non plus quoi… Bon je vais commencer par ça, oui c'est bien je pense, oui je me parle à moi-même ça arrive souvent. *Tu crois que je pourrais trouver une manière d'écrire ce que je pense pendant que j'écris ? Je commence si mal ce livre, la moitié est déjà perdue je pense. Bon! Bref je vais écrire en italique quand j'exprime ce que je pense, c'est le plus simple, et je n'ai pas assez d'argent pour éditer des livres avec 18 couleurs et 12 typographies.*

Reprenons, je m'appelle Shana, j'ai 21 ans et j'écris actuellement en direct de mon lit, dans mon tout premier appartement, *tu vas leur dire qu'il n'est pas rangé et pas nettoyé ? Non tais-toi, là je dois faire bonne impression,* un 19 m2 à Nanterre, « première couronnede Paris » pour les connaisseurs. Pour les non connaisseurs, ce n'est pas Paris mais c'est quand même Paris, mais on est censé payer moins cher, mais finalement c'est quand même très cher mais…
BREF !
Au niveau du loyer c'est cher, très cher, très très cher… Il faut que je trouve une comparaison pour vous préciser ce « très cher ». C'est comme si chaque mois, j'achetais 75 paquets de cigarettes ou presque 90 menus maxi best-of. J'ai essayé de trouver deux comparaisons pour englober la culture générale de la totalité de la population j'espère que vous aurez compris que je paye 750 €, sinon je ne peux rien faire pour vous ! CE N'EST PAS VRAI ! On est là pour s'entraider, c'est le but même de ce livre !

*Oh tiens, ce serait cool de faire des groupes de parole sur Facebook après la sortie du livre.*

    Bon, après ce bref aparté au sujet du prix de mon loyer, je reviens à ma présentation. Je suis une jeune femme que l'on pourrait comparer aux petits bâtons que l'on met sur les gâteaux et qui font plein d'étincelles, sans que l'on puisse les éteindre. Je fais plein d'étincelles, et ce, depuis ma naissance, en bref, je pars dans tous les sens.

    J'ai fini ma phrase comme si je venais de vous confier un grand secret, alors que je pense, que même en quelques phrases, vous aviez déjà assimilé le fait que je partais dans tous les sens.
*C'est bête parce que dans un livre je ne peux pas mettre d'émoji pour partager mon émotion en instantané ; un peu dommage pour un livre qui est fait pour livrer des émotions…*

    Les gens me décrivent souvent comme étant un vrai soleil. J'avoue que je n'ai jamais vraiment compris cela.
    Quand j'étais plus jeune je pensais être LE soleil.
    Nous savons tous qu'il n'y a qu'un seul soleil (et qu'une seule lune, je le re précise pour ceux qui en douteraient comme Kim Glow[2]), et donc, affirmer que je suis « un soleil » revenait donc pour moi à être extrêmement différente. Je pensais être seule dans ce cas et c'est ce que je voulais.
    Puis j'ai grandi et j'ai ouvert grand mes yeux, j'ai enfilé mes lunettes de soleil et je suis partie à la recherche des petits rayons enfouis en chacun d'entre nous. C'est à ce moment-là que j'ai compris que nous pouvions tous être le soleil de quelqu'un d'autre, nous sommes « un soleil ». Le fait qu'il y en ait d'autres ne nous rend pas moins incroyable. Il faut simplement cultiver cette chaleur, ces rayons qui émanent de ceux dont on s'entoure, et les encourager à se laisser aller à briller de plus en plus.
    Et puis parfois, purée on ne peut pas commencer une phrase par un « et » il me semble, mais c'est dur… *bon c'est mon livre je fais*

---

2 Kim Glow est une candidate de téléréalité qui avait soutenu qu'il y avait deux lunes pour

*ce que je veux,* ceux qui brillent le plus commencent à arrêter de rayonner...

Un nuage, puis deux, et parfois même un orage, et il devient compliqué de continuer à briller comme avant.

Ce livre est une safe place[3] pour tous ces petits soleils, vous tous qui lisez ces mots, qui avez parfois du mal à briller et qui pensez que, si vous ne brillez plus, vous finirez par arrêter d'exister...

Habitant à Paris, il m'arrive de passer toute une semaine sans voir un seul rayon de soleil. La grisaille s'installe, les nuages et parfois même la pluie remplacent le soleil dans le ciel. Puis un matin, ou parfois même à un autre moment de la journée, un rayon réapparaît, et le soleil montre qu'il ne compte pas abandonner sa place.

Ce soleil c'est moi, ce soleil c'est vous !

Bon, je ne sais pas si cela paraissait évident ou pas encore mais, je suis une personne hypersensible. Je ne vais pas entrer dans les détails de l'hypersensibilité dans le terme clinique. Lorsque l'on fait des recherches sur l'hypersensibilité, on retrouve énormément de textes sur ce sujet mais tout le monde y va un peu de son opinion et ce n'est absolument pas mon but à travers ce livre, on évite les dramas quoi.

Enfin bref, on a découvert que j'étais hypersensible à l'âge de 7 ans. C'était un peu évident finalement. J'avais une sensibilité exacerbée, mes parents ne comprenaient absolument pas mon mode de pensée, les enfants de mon âge me rejetaient...

Donc à 7 ans, après avoir passé près d'une heure avec des électrodes sur la tête pour faire je ne sais quels tests, avec un psychiatre très vieux et très bizarre, on explique à ma mère que je suis hypersensible. Non pardon, faute de frappe, on dit à ma mère que je suis hypersensible.

---

3 Un lieu dans lequel on est en sécurité. (Anglais)

Car oui, personne n'explique vraiment cela et surtout pas il y a quelques années, on vous lâche la bombe et on vous laisse vous débrouiller avec.

Là, « la bombe », c'était moi. *Effet dramatique, lumière tamisée, petit bruit assourdissant (c'est ce que je dirais si on adaptait cela au cinéma).*

Mon enfance a été dictée par cette hypersensibilité. Je n'avais pas les mêmes centres d'intérêts que les autres enfants de mon âge, je voulais passer du temps avec des personnes plus âgées, je posais énormément de questions pour lesquelles je n'obtenais pas beaucoup de réponses… Ce qui m'a donc poussée à commencer à intérioriser. Oui, c'est un peu casse-pieds un enfant hypersensible et, quand vous commencez à vous sentir de trop, vous vous renfermez. C'est ce que j'ai fait et aujourd'hui ça donne un tourbillon de pensées qui ne s'arrête jamais.

Pour l'anecdote, un jour j'étais avec ma sœur (nous parlerons de la famille au fur et à mesure de ce livre et je ferai les présentations),
Salomé, et elle se plaignait du fait que je sois capable de passer d'un sujet à un autre en quelques secondes. Je lui ai donc proposé un petit jeu, pendant 10 minutes je lui ai énoncé absolument toutes les pensées qui passaient par mon esprit et elle m'a demandé d'arrêter avant la fin, elle n'en pouvait plus, elle est partie prendre un Doliprane.

*Je ne sais pas si comme à la télé il faut dire plusieurs noms de marque pour ne pas avoir de problème ?*
Ou c'était peut-être du Nurofen ou de l'Advil je ne sais plus exactement.

Je disais donc que j'étais différente, mais quand on est différent en étant enfant on est souvent rejeté et c'est ce qu'il m'est arrivé.

Plus tard j'aimerais faire des études quantitatives sur les hypersensibles. C'est l'un des grands projets que j'aimerais réaliser, parmi 1 000 autres choses, mais j'aimerais apprendre réellement des choses sur ces personnes et savoir si nous pouvons généraliser certaines situations.

Par exemple, moi j'ai souffert de harcèlement durant toute ma scolarité. En primaire, au collège, au lycée et même en études supérieures. J'étais différente et j'étais la cible idéale dans beaucoup de situations. Je pourrais affirmer que cela a été le cas pour beaucoup de jeunes hypersensibles, mais je n'ai pas les connaissances nécessaires. Je me contenterai donc simplement de raconter mon histoire et d'espérer rassurer certains lecteurs sur ce qu'ils ont pu vivre ou ce qu'ils sont en train de vivre.

Je pense que l'hypersensibilité est un vrai sujet mais je ne peux pas lui dédier un chapitre, elle intervient chaque jour dans ma vie donc elle apparaîtra dans chacune des parties de ce livre. C'est en fait un peu comme ma meilleure amie, elle me suit partout et tout le temps, parfois elle est là pour moi et parfois je suis là pour elle.
Souvent je l'ai détestée mais, dans ce livre, nous allons apprendre à l'aimer et à l'apprivoiser. Elle est là et elle peut être la plus belle opportunité de notre vie ! (émoji cœur)

Il est important de vous expliquer pourquoi j'en suis là, pourquoi je suis en train de devenir une autre personne et pourquoi j'accorde aujourd'hui une si grande importance au développement personnel dans ma vie.

Nous allons donc faire un bond dans le temps pour nous retrouver à l'année de mes 18 ans, je venais d'obtenir mon bac (tant bien que mal) et j'entamais un Bachelor en école de commerce.

En fait ce que je m'apprête à vous raconter est, malgré moi, devenu quelque chose de simple à raconter. La manière dont je vais vous le raconter et les mots choisis ont déjà été utilisés des dizaines de fois, pour raconter mon histoire aux médecins, à mes proches, à mon journal intime…
Allons-y !

*\*\* Nous allons ici parler d'agressions sexuelles, de violence, de viol, de manipulation… Si vous ne vous sentez pas de lire cette partie je vous invite à vous rendre au début du chapitre suivant (intitulé « suite » pour ne pas vous provoquer de réactions négatives ou traumatiques.) \*\**

Lorsque je suis arrivée en école de commerce, j'étais encore vierge et, à mes yeux, j'étais encore un enfant. Le fait que je n'ai pas fait ma première fois était un choix mais j'ai très vite compris que cela était anormal aux yeux de mes camarades. Lorsque j'ai débuté mon Bachelor, j'ai très vite reçu de nombreuses remarques concernant le fait que je n'avais pas encore « baisé ».

C'est dans ces circonstances que j'ai rencontré un garçon, qui ne m'intéressait pas de prime abord. Mes goûts en termes d'hommes étaient : brun, barbu, et plutôt épais et lui était blond, imberbe et plutôt très fin.

Bon ce n'était pas bien grave car je ne lui parlais que quelques fois par mois, lorsque je le croisais sur le campus ou qu'il m'envoyait des messages. Mais un soir, lors d'une soirée étudiante, il s'est montré très entreprenant et m'a demandé de rentrer avec lui. Chose que j'ai bien évidemment refusée en lui faisant remarquer qu'il ne m'avait même pas embrassé. Il m'a demandé de le suivre à l'extérieur et m'a expliqué qu'il avait eu un « coup de cœur » pour moi et qu'il était en couple mais qu'il voulait la quitter pour moi.

Il faut savoir qu'à l'époque j'avais une vision très utopiste du monde. Pour être plus claire, je pensais que tous les « faits divers » n'étaient pas vraiment vrais car je ne comprenais pas que les humains puissent être aussi mauvais. Il conclut cette magnifique déclaration en sortant son sexe et en me demandant de le sucer.

Bon c'est clair que, vous l'avez compris, ça ne sentait vraiment pas bon (je ne parle pas de son sexe, car ça peut porter à confusion, mais bien de la situation). Sauf que, vous vous rappelez ?

J'étais encore très naïve et je ne connaissais pas tout cela alors je l'ai cru. Bon j'ai un minimum d'amour-propre et, je te rassure papa, je n'ai pas sucé ce garçon sur ce parking.

Il y a déjà tellement de red flags[4]... Ce n'est que le début !

On a ensuite continué à parler plusieurs jours jusqu'au week-end suivant où j'ai reçu le message suivant : « Salut, je rentre chez ma meuf alors ne m'envoie aucun message du week-end, je te reparlerai quand je serais dispo. ».

Bon vous avez compris que moi je n'avais rien compris et j'ai fait ce qu'il me demandait. Cette situation m'a tout de même bien énervée, lorsqu'il est revenu de son week-end, il l'a très vite compris. C'est pour cela qu'il m'a proposé de venir chez lui pour que l'on discute de manière posée de... « nous ».

C'est ce soir-là que j'ai fait ma première fois. C'était consenti bien évidemment mais... un red flag en entraînant un autre, il a très vite dérapé et a commencé à me pénétrer de toutes ses forces (je rappelle que c'était ma première fois) et il a même voulu me mettre un doigt dans la « porte de derrière » comme je l'appelais à l'époque.

Bien entendu j'ai refusé et je suis rentrée chez moi une heure plus tard. J'ai saigné pendant dix jours non-stop, eu des douleurs atroces...

Par la suite, des gens de notre école ont commencé à être au courant que nous avions couché ensemble et, ses messages ressemblaient à présent à des « arrête d'ouvrir ta bouche pour raconter qu'on a couché ensemble sinon ça va mal se passer ». Alalalala quel gentleman, on en tomberait presque amoureuse (heureusement je n'ai développé aucun sentiment pour ce monstre manipulateur).

S'en sont suivies plusieurs journées similaires durant lesquelles il me parlait que pour m'engueuler et me menacer à chaque fois que quelqu'un venait lui parler de moi.

---

4 Expression populaire qui signifie que des choses sont étranges chez quelqu'un et qu'il faut s'en protéger.

Quelques semaines plus tard je me retrouvais à nouveau dans une soirée étudiante, *oui on fait beaucoup la fête en école de commerce,* et cette fois-ci, j'avais bien compris que tout cela n'était pas acceptable et je m'étais décidée à lui dire. Ah non attendez, il m'avait « interdit » de venir lui parler devant d'autres personnes.
Je suis donc allée le voir durant cette soirée en lui demandant de « discuter » et de « m'écouter », et il m'a tiré vers les toilettes car il ne voulait pas que l'on « nous voie ensemble ».

Je me retrouve donc dans les toilettes handicapées de cette boîte de nuit à lui expliquer qu'il n'a pas le droit de me menacer, qu'il ne doit pas me traiter de la sorte… Vous avez certainement vu venir la chose… c'est ici que débute mon premier viol.
Ce dernier a duré plus de 45 minutes durant lesquelles j'ai essayé de me débattre, j'ai répété « non » plus de 40 fois, j'ai souffert, eu peur et puis… je me suis déconnectée. Nous parlerons de la déconnexion plus tard dans ce livre.
Après cela, le premier confinement est vite arrivé et je me suis renfermée sur moi-même. Je ne comprenais pas vraiment ce qu'il m'était arrivé et je ne parvenais pas à mettre des mots dessus…
Après cette période, j'ai repris une vie « à peu près » normale et c'est à ce moment-là que j'ai compris ce qu'il m'était arrivé. J'ai compris que je m'étais fait violer cette nuit-là !
*Je tape super fort sur mon clavier il faut que je me calme papa et maman ont travaillé dur pour me le payer et puis… il n'y est pour rien ce pauvre ordinateur.*

Les semaines suivantes ont été compliquées car j'étais dans un profond mal-être et ma famille ne savait pas réellement comment agir.
Ces semaines-là ont également été rythmées par de grosses déceptions amicales, plusieurs copines à moi ayant fini par reparler à mon violeur et finalement me laisser tomber.

Après ces épisodes je me suis renfermée considérablement sur moi-même, j'ai essayé de voir plusieurs spécialistes mais cela n'a pas fonctionné, ils ne me correspondaient pas.

Un jour j'ai voulu aller porter plainte… Mais en bref, les policières ont rigolé et m'ont dit que je n'obtiendrais pas gain de cause et que « ce n'était pas un viol ». AHHHHHHHHHHHHH putain !!!!! Bon oui, j'ai parcouru un long chemin depuis, mais ce genre de chose me fait toujours autant de mal. Bon, au cas où mon agresseur soit en train de lire cela, déjà je te souhaite un bon gros karma de merde et, ensuite, ne te réjouis pas trop vite, j'ai par la suite eu la confirmation d'une bonne vingtaine de policiers qui m'ont bien dit qu'il s'agissait d'un viol.

Enfin bon, une bonne grosse période de merde qui m'a bien détruite et, comme vous devez vous en douter, je n'ai pas porté plainte.

Par la suite, la rentrée de ma deuxième année de Bachelor est arrivée et, ce qu'il s'était passé s'est ébruité. Ah non pardon, ce qui s'était ébruité était « Shana est une folle bonne qu'à être internée qui a inventé toute cette histoire ». FUN ! J'ai donc passé plusieurs mois à ne pas pouvoir aller en cours toute seule, à ne pas réussir à tenir toute une heure de cours sans sortir pleurer, à me faire harceler, à me faire menacer…

Merci le Covid ! Oui je ne pensais pas dire cela un jour mais on était à la période où les écoles ont dû fermer et nous sommes passés en distanciel. C'est clairement ce qui m'a permis de survivre.

Je commençais à m'en remettre doucement puis… lors d'une soirée chez ma meilleure amie (coucou Lisa je t'aime fort) j'ai couché avec un mec de mon école. Tout se passait bien puis… son regard a changé d'un coup, il a commencé à m'empêcher de respirer puis j'ai essayé de me débattre et il m'a entièrement bloqué avant de commencer à me violenter physiquement…

C'est ce soir-là que j'ai subi mon deuxième viol.

C'est ce soir-là que j'ai connu pour la première fois les méfaits de l'alcool qui pouvaient animer quelqu'un et le rendre fou. C'est ce soir-là que j'ai connu la violence physique. Je suis ressortie de cette soirée avec les seins recouverts de bleus, tous mes vaisseaux sanguins avaient éclaté, mes tétons saignaient. J'ai également eu du mal à marcher pendant quelques jours et eu une nouvelle déchirure interne.

Boooonnn… on laisse tranquille Shana maintenant ? Non ! Le même mois je me suis fait agresser dans un Uber, en bref un mec qui m'a caressé la cuisse et qui voulait ne plus me laisser partir, et j'ai subi plusieurs agressions de rue.

On souffle (fort), on en a fini pour les agressions. Dieu Merci ! Vous commencez peut-être un peu mieux à comprendre pourquoi j'en suis là.

Après cela, j'ai développé une très forte phobie sociale et j'ai commencé à faire de l'anxiété, de plus en plus, constamment. On parlera de l'anxiété dans un autre chapitre mais c'est un vrai cauchemar.

Les mois suivants je suis restée enfermée chez moi, la plupart de mes amis ont arrêté de me parler car j'étais trop « désagréable » et « plus assez disponible pour eux ». Et puis… il fallait bien que l'on revienne à Arthur mon frère. En bref, il a dit à ma famille que j'étais « une pute qui méritait tout ce qui lui était arrivé ».

Dans trois jours cela fera 1 an que l'on ne se parle plus. Et nous ne nous parlerons plus jamais.

## SUITE

Bon tout cela paraît très dramatique et, honnêtement, ça l'a été.
Mais j'ai eu la chance, ensuite, d'obtenir une alternance avec une manager au top à Paris. Cela m'a permis de déménager à la rentrée suivante pour avoir mon premier appart (je vous en parlais plus haut).
Le fait de rentrer dans la vie active m'a vraiment permis de me changer les idées et de pouvoir avancer. J'ai la chance d'avoir un job super intéressant et une équipe géniale. Plus que des collègues ce sont de vrais amis.
Tous ces traumatismes m'ont poussé vers une dépression quasiment inévitable, nous en parlerons dans ce livre. Mais après des mois à pleurer, des mois à survivre, des mois à ne plus avoir aucun goût pour la vie, je me retrouve aujourd'hui, avec une envie de bouffer le monde plus grosse que moi.
J'adore la vie, je veux me développer au maximum et je veux surtout être la plus positive possible. Et c'est tout cela que je souhaite vous faire partager. Les différentes étapes que l'on peut connaître dans une dépression, des clés qui pourront vous être utiles pour « mieux vivre ». Et surtout, partager toute la positivité que je puisse car, comme le dit l'influenceuse Léna Mahfouf : « le positif attire le positif ».

Alors je vous assure que la suite de ce livre ne sera pas alarmante, le but est de pouvoir peut-être vous apporter une nouvelle vision de la vie, à travers mes yeux.

Cette première partie était un vrai parti pris, c'est la porte ouverte à n'importe qui vers mon histoire. J'ai passé de nombreuses soirées à me dire que je devrais la retirer mais, sérieusement, je n'ai en aucun cas envie de recevoir des conseils sur la vie, de la part d'une personne qui semble ne rien avoir vécu… et je pense que vous aussi.

   C'est aussi un moyen pour moi de vous remercier, à travers ce livre vous allez probablement entamer un processus de développement personnel et vous ouvrir à moi. Bien évidemment cela ne restera que « fictif » mais j'en ai tout de même conscience. J'espère un jour avoir l'occasion d'entendre vos histoires et de savoir si ce livre vous a aidé !

   Enfin bref, à présent vous connaissez une bonne partie de mon histoire et, on peut débuter notre aventure vers la guérison, ensemble !

   Vous qui lisez ça, vous avez aussi des bagages derrière vous et, où que vous en soyez, vous allez vous en sortir ! Vous en êtes capable et, même si le chemin est long et complexe, vous en viendrez à bout, encore plus fort(e) que ce que vous étiez avant tout ce que vous avez pu vivre.

Bienvenue dans mon mindset[5] !

---

5 Ma mentalité, ma manière de penser (Anglais)

## SURVIVRE

C'est le titre que j'ai décidé de donner à ce livre car, je vais centrer mon raisonnement autour de l'hypothèse que même si nous avons tous la sensation de vivre pleinement, nous nous contentons, pour la plupart d'entre nous, de survivre.
Et cette hypothèse est selon moi d'autant plus vérifiable chez les personnes souffrant d'anxiété, de mal-être ou encore de dépression.

À travers ces pages, nous allons tenter, ensemble, d'arrêter de survivre et de commencer à vivre !
Dans la vie de tous les jours, nous nous cantonnons à des règles et des diktats qui définissent notre manière d'agir et notre façon d'être sans vraiment apprécier la vie et profiter de chaque moment qu'elle nous offre.

Lorsque j'ai déménagé à Paris, j'ai pris rendez-vous chez le tatoueur pour le jour de mon arrivée. J'y suis allée (très stressée) pour faire mon tout premier tatouage.
J'ai demandé à la tatoueuse de se contenter de trouver deux typographies qui collaient bien ensemble et d'inscrire sur mon bras le mot « survivre ».
À une exception près, mon tatouage ressemble à cela :

~~SUR~~VIVRE

Il était important pour moi de l'inscrire, de me rappeler chaque jour que j'ai le choix, de vivre ou de survivre. Comme dans les films où ils peuvent appuyer sur un bouton pour que la suite de l'intrigue change complètement.

Je peux décider de faire le fameux « métro, boulot, dodo » (dont on parlera dans un prochain chapitre) ou je peux faire plus, rendre chaque journée que l'on me donne la chance de vivre un peu spéciale.

Je ne peux malheureusement pas dire que j'ai suivi cette règle tous les jours depuis que j'ai fait mon tatouage. J'ai eu beaucoup de rechutes dans ma dépression et j'ai perdu beaucoup de temps à souffrir en me rappelant ce que j'avais vécu, mais, je reprends le dessus et je décide que cela doit changer !

Je vais vous donner un exemple d'une situation dans laquelle j'aurais dû survivre mais dans laquelle j'ai finalement décidé de changer les choses, pour vivre l'instant que l'on m'offrait.
*C'est un exemple super bête j'espère qu'ils vont me prendre au sérieux... Mais ça leur permet de mieux visualiser la situation de « survie »*
*en même temps...*

Pas plus tard qu'hier, nous étions dimanche et j'avais passé la fin de la matinée à hésiter entre aller à la salle de sport et me reposer devant une série. Après mûre réflexion je décide de me préparer et de partir à la salle la plus proche de chez moi. Comme chaque été il y a des travaux sur les lignes de métro à Paris donc je ne peux pas me rendre facilement dans les arrondissements les plus fréquentés.

Après trente minutes de trajet, j'arrive devant la salle de sport. « FERMÉE LE DIMANCHE ».

Je me décide donc à aller, relativement agacée, dans une autre salle de sport dans Paris, qui me demande 40 minutes de transports supplémentaires.

En arrivant devant la salle, cette fois-ci ouverte, je n'ai plus aucune motivation, c'est devenu une corvée d'y aller. Je me décide alors à faire demi-tour, prendre une trottinette et aller me balader jusqu'à ce que, cette mauvaise humeur s'évanouisse pour à nouveau laisser place à un sentiment plus apaisé.

Je ne me suis pas contentée de subir la situation, je l'ai contournée pour la rendre plus agréable avec des actions qui étaient à ma portée. C'est cela vivre selon moi !

Vous pouvez décider de ce qui est « vivre » et de ce qui est « survivre » pour vous. Il vous appartient de définir vos limites et ce qui est pour vous apparenté à de la survie ou non.

C'est ici un exemple un peu simpliste de ce que j'appelle « vivre » plutôt que « survivre » mais vous devez vous rappeler tous les jours que vous seul, contrôlez votre vie et que vous avez le choix de simplement passer une journée classique en faisant la même chose que la veille ou alors faire de votre journée un bon souvenir.

Cette notion de survivre est très bien expliquée dans l'ouvrage à succès de Don Miguel Ruiz, *Les quatre accords toltèques*.

Il dit « C'est pour cela que les humains résistent à la vie. Être vivant est leur plus grande peur. Ce n'est pas la mort, mais le risque d'être vivant et d'exprimer qui l'on est vraiment qui suscite la peur la plus importante. Être simplement soi-même, voilà ce que l'on redoute le plus. Nous avons appris à vivre en nous efforçant de satisfaire les besoins d'autrui, à vivre en fonction du point de vue des autres, de peur de ne pas être accepté et de ne pas être assez bien à leurs yeux. »

C'est ici une autre manière de survivre qui est illustrée. Nous avons grandi avec un modèle de perfection en tête, nous nous modelons en fonction des attentes des autres et nous ne supportons pas le fait de ne pas correspondre à ce qui peut être espéré et modelé par la société. Il y a bien évidemment des exceptions qui ont déjà réussi à se détacher de ce schéma mais il est compliqué d'emprunter une voie totalement différente de celle qui nous est assignée.

Lorsque nous commençons à nous affirmer et parfois à dévier du chemin que nous devions initialement emprunter, il n'est pas rare de se servir d'excuses pour justifier nos choix et éviter de

les assumer.
Nous avons en fait peur de les assumer en affirmant aux yeux de tous que c'est ce que nous voulons, même si cela déplaît.

C'est souvent au moment où nous essayons de nous affirmer que nous nous rendons compte à quel point nous sommes différents ; et pire encore, à quel point la différence peut être mal vue.

Un exemple pour mieux comprendre ce système de fuite de l'affirmation de soi-même. Ayant vécu de nombreux traumatismes, il était important de faire un tatouage pour avoir une cicatrice visible de toutes les cicatrices invisibles que j'avais en moi. Une fois ce premier tatouage fait, j'ai commencé à guérir et à m'affirmer en tant qu'adulte. Il se trouve que cette adulte apprécie fortement l'esthétique et les significations derrière les tatouages.

Ayant peur de la réaction de ma famille, j'ai voulu faire d'autres tatouages en rapport avec ma dépression pour qu'ils soient « justifiés » et que je ne risque pas d'être remise en question pour mes choix.

Il est grand temps de commencer à vivre vraiment. Lorsque je me tourne vers les années passées je me rends compte à quel point j'ai pu perdre du temps inutilement. Perdre du temps à ne pas être moi-même, à ne pas faire ce qui me plaisait réellement, à ne pas prendre soin de moi...

Vous avez peut-être vous aussi cette sensation, d'être parfois passés à côté de ce que vous vouliez profondément, pour plaire au plus grand nombre et ne pas faire de « vagues ». Mais en fait, le monde serait tellement plus beau si la normalité devenait obsolète et que la tendance était à « faire des vagues »...

Il y a une manière de décrire le temps et la vie en général que j'apprécie beaucoup. Je vous la partage pour qu'elle puisse peut-être vous inspirer à votre tour :

« Chaque matin une banque vous ouvre un compte de 86 400 € que vous pourrez utiliser quand vous le voulez et comme vous le voulez.

Mais il y a deux règles à respecter :

- La première, c'est que vous devez tout dépenser et vous ne pouvez pas virer cet argent sur un autre compte. Mais chaque matin au réveil, la banque vous ouvre un nouveau compte de 86 400 €.
- Deuxième règle, la banque peut interrompre ce jeu sans préavis, quand elle le veut.

Alors, que feriez-vous ? À mon avis vous dépenseriez chaque euro pour vous faire plaisir…

Eh bien cette « banque magique » nous l'avons tous et c'est le temps. Chaque matin au réveil nous sommes crédités de 86 400 secondes de vie pour la journée, et, chaque matin, cette magie recommence. Mais nous jouons avec cette règle incontournable. La banque peut fermer notre compte à n'importe quel moment, sans aucun préavis. Eh oui, à tout moment la vie peut s'arrêter ! »

Alors, que décidez-vous aujourd'hui ? Dépenser chacune de ces 86 400 secondes pour vivre ? Ou allez-vous vous contenter de laisser ce crédit s'écouler tout en ne sachant pas si la banque sera aussi clémente demain matin ?

*Je ne sais pas si c'est très habituel de citer autant de choses dans un livre… Mais en même temps toutes ces choses m'aident au quotidien et j'aimerais qu'elles aident le plus de personnes possible… Bon je vais continuer ce n'est pas grave !*

Pour ma part, cette pensée me fait beaucoup réfléchir et, j'ai toujours apprécié les images car elles me permettent de mieux appréhender certains concepts. C'est le cas ici.

On passe des journées à être triste, des semaines à être en colère, des mois à s'en vouloir… Pour des choses que nous ne pouvons souvent pas changer. Nous nous contentons de subir la vie sans décider d'inverser la tendance pour être maître de notre propre vie.

Alors, c'est le moment d'inverser la tendance, et ce livre est fait pour vous y aider !

## « LA ZONE DE CONFORT INCONFORTABLE »

Ce n'est pas agréable d'aller mal, d'être triste, anxieux, craintif, déprimé, dépressif… Seulement, lorsque l'on prend l'habitude d'être dans l'un de ces états, nous commençons à y trouver un certain confort…

Après quelques mois de thérapie en arrivant à Paris, ma psychologue m'a demandé si cela me faisait peur d'aller bien, pour de vrai. Si j'avais peur d'être heureuse et de ne plus être dépressive.

Si j'étais inquiète que les gens me traitent normalement plutôt que comme une victime.

J'ai réfléchi, j'ai commencé à avoir une boule dans la gorge et j'ai pris conscience… J'avais peur d'aller bien.

On nous parle souvent de « la zone de confort ». C'est ce qui est « connu », que l'on a l'habitude de faire et qui ne nous demande pas d'effort supplémentaire. Cela est souvent connu pour des choses simples et pas forcément négatives.

Par exemple, j'adore la saga Harry Potter et j'ai vu chacun des films de nombreuses fois. Lorsque je vais mal, je regarde l'un des films de la saga car cela relève du « connu », cela s'inscrit dans ma zone de confort. Dans cet état de mal-être, prendre le risque de regarder un film que je ne connais pas encore, me ferait sortir de ma zone de confort.

Cette zone de confort nous met certes des barrières, mais comme son nom l'indique, elle nous laisse dans une zone qui est confortable pour nous et pour notre esprit.

Le souci se pose lorsque l'on prend une habitude négative. Lorsque quelque chose d'inconfortable devient notre quotidien. C'était par exemple mon cas avec la dépression. Les jours passant, je prenais l'habitude d'aller mal, d'être triste, fatiguée et de montrer aux gens que j'étais une victime. Et puis cela s'est inscrit dans ma zone de confort. C'était le « connu », je savais ce que c'était qu'aller mal, je n'étais plus dans l'inconnu et je m'y étais habituée.

Lorsque je me suis rendu compte de tout cela face à ma psychologue, je lui ai dit naturellement que j'étais dans une « zone de confort inconfortable ». Je trouve que cela image parfaitement ce genre de situation. Je reste dans une situation désagréable parce que l'inconnu me terrifie.

Je suis persuadée que si vous cherchez dans votre mémoire à long terme et que vous êtes honnête avec vous-même, vous allez pouvoir trouver une situation dans laquelle vous avez décidé de rester dans une zone de confort inconfortable.

➔ Si vous vous y trouvez actuellement et que vous êtes effrayé par le fait de sortir de cette zone inconfortable, même si c'est pour aller vers une situation bien plus positive, il faut travailler dessus petit à petit. Inutile de faire les choses dans la précipitation, si vous êtes habitué à quelque chose, même si c'est inconfortable, il ne faudrait pas risquer de vous brusquer. Essayez d'analyser la situation dans sa globalité. Quelle est cette zone de confort inconfortable ? Comment en êtes-vous arrivé à cela ? Qu'est-ce qui vous fait peur dans le fait de sortir de cette situation ?

Si vous avez répondu à toutes ces questions, vous avez déjà fait le plus dur. Se rendre compte des situations compliquées et négatives dans lesquelles nous sommes est un processus très compliqué que peu de personnes parviennent à faire.

Une fois que le problème sera détecté, il serait intéressant de discuter avec des personnes n'étant justement pas dans cette « zone de confort inconfortable » et les confronter à vos peurs afin de voir comment, eux, appréhendent cette situation sans se renfermer. Celavous permettra certainement de voir que vous êtes inutilement en inconfort…

Par exemple, moi, je craignais le regard des gens. Est-ce que j'allais leur déplaire si je recommençais à vivre ? Et est-ce que j'allais automatiquement me refaire agresser si je me remettais à vivre normalement ?

J'ai donc cherché autour de moi, des personnes n'étant pas en dépression, je les ai regardés agir… Bien évidemment, une personne heureuse est encore plus appréciable qu'une personne malheureuse donc ce premier doute s'est vite dissipé. Quant au second, en réfléchissant bien, je me suis rendu compte que, malheureusement, il n'y avait pas grand-chose à faire pour éviter les agressions et que, ma situation ne me mettait pas moins en danger.

Ce raisonnement m'a beaucoup aidé à commencer à m'ouvrir à la guérison, je me suis rendu compte que, le fait de sortir de cettezone de confort, ne serait que plus agréable que la situation dans laquelle j'étais.

Alors on se bouge et on se détache de cette zone de confort inconfortable !

## TU N'AS PLUS ASSEZ DE VIE !

J'ai envie de parler de ma dépression à travers ce livre, envie de la décrire, de m'ouvrir à vous pour que vous compreniez ce que j'ai pu vivre et ce que je vis encore. Mais c'est extrêmement compliqué. Aujourd'hui, cela fait plus d'un an que j'ai été diagnostiquée dépressive et que je suis sous antidépresseurs.

Je me suis souvent demandé quelle était la différence entre être triste, être profondément touché par quelque chose et être en dépression. Quelle était la limite à ne pas franchir, quel était le seuil qui déterminait que l'on était en dépression ou non. J'ai vécu des choses très dures dans mon enfance, bien que j'aie eu la chance d'avoir une enfance relativement simple en comparaison aux enfants battus, abusés, abandonnés…

Tout ça pour dire qu'à certains moments j'étais extrêmement mal, mais lorsque je suis tombée en dépression je l'ai su. J'étais morte-vivante, oui comme dans les films. Ces personnes qui déambulent sans but apparent et qui semblent complètement vidées de leur énergie, c'était moi il y a un an.

Je pense finalement que le moment où je suis réellement « tombée en dépression » n'est pas le moment où j'ai eu le plus mal, mais le moment juste après. Dès l'instant où la douleur était tellement forte que je me déconnectais de moi-même en espérant juste que tout cela puisse s'arrêter rien qu'un instant.

Beaucoup de gens s'accordent à dire que les personnes qui en viennent au suicide sont « faibles ». Je suis persuadée que ces personnes-là n'ont pas vécu la douleur que l'on peut vivre lorsque l'on est en dépression. Pour ma part je me lève chaque jour un peu plus forte et je n'ai jamais pensé à mettre fin à mes jours, mais j'ai toujours une pensée pour ces personnes, qui en viennent à faire des TS[6], qui doivent juste être à bout de forces de se battre tous les jours et qui n'arrivent pas à s'en sortir.

J'aime comparer la dépression à un jeu vidéo dans lequel nous n'aurions plus assez de points de vie pour être au maximum de nos capacités. Plus on avance dans le jeu avec ces quelques vies restantes, plus on les épuise et on s'épuise par la même occasion.
Peut-être devrions-nous arrêter le jeu durant 24 heures pour laisser la jauge de « vie » se remplir à nouveau ? Non ! Nous sommes bien trop dans la course aux résultats pour nous permettre cela...
Je ne sais pas comment décrire la dépression pour être honnête. Quoi que je ne sois peut-être pas légitime de décrire LA dépression et que je devrais me contenter d'essayer de décrire la mienne.
C'est comme un tourbillon qui va de la surface de l'eau jusqu'au plus profond de l'eau. Un tourbillon incessant dans lequel je suis prise.
Je dois sans cesse nager vers la surface pour tenter de ne pas couler ; et à chaque fois que je ralentis le rythme par épuisement, je coule encore plus.
*Ce serait super que des personnes qui dessinent bien se mettent à dessiner cette image ou même à dessiner l'image qui représente leur dépression et qu'ils la partagent sur les réseaux. Ça me plairait beaucoup et je pourrais toutes les regarder et les imprimer ! J'adore cette idée mais je ne sais pas s'ils vont adhérer. Passons !*
C'est très dur car je pense que chaque mal-être est différent. Vous pouvez prendre une personne qui a vécu la même chose que vous, elle ne ressentira pas la même chose et elle ne pourra pas vous comprendre à 100 %.

---

6 Tentative de suicide.

J'ai longtemps été mon pire ennemi dans cette dépression car mon but était d'être comprise et entendue. Comprise par mes proches et entendue par toutes les personnes qui avaient contribué, de près ou de loin, à mon malheur.

Ce n'est que lorsque j'ai commencé à essayer de me comprendre moi-même et que j'ai arrêté d'attendre des autres des choses impossibles et que j'ai commencé à aller mieux.

Ce moment où j'ai essayé de me reconnecter avec moi-même, d'écouter mes émotions, d'aller plus loin que ce qui était évident, pour réellement comprendre tout ce qui faisait que j'en étais là et pourquoi je n'arrivais pas à m'en sortir.

Je pense sincèrement que c'est, cette reconnexion avec moi-même et le fait que j'essaie de me rappeler à chaque instant que l'on a qu'une vie et que l'on doit apprendre à apprécier sa propre compagnie, qui est en train de me sauver.

Enfin, pour revenir au sujet de ce chapitre, la dépression peut donc être comparée à ces jeux vidéo dans lesquels vos vies sont représentées par des petits cœurs que vous perdez lorsque vous « mourrez ». Il est important de laisser le temps à vos vies de se re remplir avant de vouloir entamer une nouvelle quête qui pourrait bien vous faire perdre de nouvelles vies.

→ Prenez le temps d'aller mieux, de vous reconstruire un peu et de vous protéger de nouvelles « attaques » avant de vous lancer dans la suite de votre histoire. Aujourd'hui vous n'avez plus assez de vie, demain vous en aurez déjà une en plus.

Prenez le temps !

## LA DOULEUR ETOUFFEE

C'est le titre de l'une des « lettres à moi-même » que j'ai écrite. Je vais ici vous la partager et essayer de vous fournir une réflexion plus profonde qui pourra peut-être vous aider si vous vous reconnaissez dans mes propos.

« Il me suffit de regarder une photo, de repenser à un souvenir, que quelqu'un fasse quelque chose qui me rappelle ce pour quoi je souffre, pour que je me mette à la ressentir.
  Cette douleur, ce poids, qui vient se loger entre ma poitrine et mon ventre. Une douleur qui était bien là il y a quelques mois et qui me faisait me mettre dans tous mes états.
  Aujourd'hui, cette douleur est toujours là, mais elle est étouffée par ces médicaments que je prends chaque matin pour oublier.
  Mais est-ce que j'oublie ? Je n'en ai pas vraiment l'impression. Je continue à prendre ces médicaments chaque jour en me disant que cela marchera peut-être.
  Mais il me suffit de repenser à ces événements, à comment mes amis m'ont tous tourné le dos, ou encore à tous ces hommes qui m'ont fait souffrir, pour me rendre compte que je n'ai rien oublié !
  Laisser sortir ce poids, cette douleur fantôme qui est bel et bien là et qui ne demande qu'à être extériorisée.
  Est-ce que cela me ferait du bien ? Est-ce que cela me ferait retomber ? Je ne sais pas. Je ne sais plus. Mais j'en ai besoi

*Wow ! t'es très dramatique quand tu ne vas pas bien...*

J'ai écrit cette lettre lorsque j'ai commencé à être sous antidépresseurs. Ces derniers étaient adaptés pour moi mais la dose était très élevée pour mon petit corps d'hypersensible. Petit à petit j'ai été privée de l'ensemble de mes émotions, je n'étais plus hypersensible. C'est un peu comme si l'on avait retiré ses pouvoirs à un super héros. J'allais mieux, c'est sûr, je ne passais plus mes journées à pleurer et à être en colère contre le monde entier, c'est normal quand on sait que je n'arrivais plus à pleurer même quand je ressentais une profonde tristesse, et que les plus grandes injustices ne m'énervaient plus tellement…

Cet état m'a très vite fait penser à la série très connue, *The Vampire Diaries*, dans laquelle l'on pouvait voir les vampires « faire taire leurs émotions » lorsque tout devenait trop intense. Car c'était ça l'une de leurs particularités en tant qu'êtres surnaturels, tout ressentir plus intensément. Cela ne vous rappelle rien ?

Je n'aurais certainement pas l'occasion d'avoir la confirmation des créateurs de cette série qui a bercé mon adolescence mais, pour moi, cela fait clairement écho aux hypersensibles.

Donc, faire taire ses émotions c'est bien, cela soulage un moment, mais cela ne peut pas être viable sur le long terme. Que ce soit à cause d'un traitement que vous prenez ou de votre cerveau qui décide de ne plus faire fonctionner la partie émotionnelle de votre être, cous devez lutter !

Il y a une artiste tatoueuse, que j'apprécie beaucoup, qui a écrit un livre et qui décrit très bien ce phénomène.
Dans « Le petit dictionnaire des émotions », Camille, aka ArtDesMaux présente la définition du mot « vacaresque » : « qui ressent une anesthésie émotionnelle, un vide intérieur ».

Cet état est donc plus ou moins habituel dans le processus de guérison de personnes traumatisées. Il est important d'en prendre conscience et de lutter contre cette anesthésie générale qui nous prive de toute la saveur que peut avoir la vie.

Pour gérer ses émotions il faut d'abord les comprendre. Je trouve que le film de Disney *Vice Versa* présente très bien les différentes émotions et nous ouvre à de multiples réflexions plus ou moins profondes.

Il est important de comprendre pourquoi nous ressentons chacune des émotions, quels sont leurs rôles et de pouvoir nous rendre compte de quel moment peut favoriser quelle émotion...

Faire taire ses émotions n'est pas une fin en soi. Pour ma part, ça n'a marché que quelques semaines, avant que je me laisse totalement aller et que je ne sorte plus de mon lit, que je ne prenne plus soin de moi, que je ne m'alimente plus... Car, des émotions, découle l'envie de faire les choses. Ces médicaments et ce nouvel état, qui étaient censés m'être bénéfiques, se sont révélés plus dangereux qu'autre chose.

On revient à l'image de la personne qui flotte, juste au-dessous
de l'eau et qui peine à respirer mais qui ne coule pas totalement.

Lorsque vous touchez le fond vous avez le choix. Mettre un gros coup de pied pour entamer une remontée, ou bien, vous laisser complètement couler. C'est à vous de décider ce que vous voulez et de vous accrocher.

Quand nous n'avons plus d'émotions nous ne touchons pas le fond mais nous ne respirons pas aisément pour autant. Cela étant, il est impossible de « reprendre du poil de la bête ». *T'as entre 20 et 80 ans à utiliser ce genre d'expression.*

➔ Il est donc important de conserver nos émotions et de les écouter, même quand c'est dur et douloureux. Soyez à l'écoute de vos émotions et soutenez-les, c'est comme cela que vous parviendrez à les apprivoiser.

Une des amies qui m'a le plus aidé dans ma dépression, Caroline (émoji papillon) m'a appris à nommer mon émotion. En cas d'explosion d'émotion durant laquelle vous avez l'impression de perdre pieds, faire la chose suivante pourra permettre de vous apaiser un tant soit peu.

→ Il faut que vous vous concentriez pour parvenir à :
- Décrire la texture de votre émotion
- Trouver une odeur qui pourrait la qualifier
- Imaginer la couleur qu'elle pourrait avoir
- Lui trouver un nom

Ça paraît très enfantin mais essayez et vous verrez !
Cela vous permet en fait de vous concentrer sur autre chose que la douleur, l'espace d'un instant, ce qui vous apaisera et vous éloignera du tourbillon dans lequel vous êtes en train de plonger.

## JE NE SUIS PAS CETTE FILLE-LA !

Comment écrire un livre sans parler des réseaux sociaux ? Avec une moyenne de 9 heures de temps d'écran par jour et avec des piques à 12 heures dans mes journées les plus sombres, il est indéniable que je fais bel et bien partie de la génération Z.

La génération Z qu'est-ce que c'est ?
Bon je pense que tout le monde le sait ou en tout cas je ne pense pas avoir besoin de l'expliquer. Cependant, mon mémoire de Bachelor portant dessus, je me sens obligée de vous définir un peu ce terme.

Vous connaissez l'expression ? « La culture c'est comme la confiture, moins on en a, plus on l'étale ! »

Alors, la génération Z se compose d'individus nés après les années 2000 et ayant évolué en même temps que les nouvelles technologies. Cette génération se caractérise comme surconnectée mais aussi très anxieuse et en quête d'affirmation de soi et de ses valeurs. BREF c'est tout moi !

Ce n'est pas parce que vous ne faites pas partie de cette génération que vous n'allez pas vous reconnaître dans ce chapitre, mais il est certain que ce dernier sera certainement encore plus parlant pour mes congénères. *Tu es sûr que « congénère » ça veut dire ce que tu veux dire ? Bon et puis je suis dans le train sans Wi-Fi je ne vais quand même pas chercher. Je voulais dire « pour les gens de ma génération, ceux comme moi ».*

Maintenant que j'ai montré que j'avais quelques connaissances sur le sujet, revenons à nos moutons !

*T'as 45 ans meuf avec tes vieilles expressions.*

C'est quand même dingue lorsqu'on y pense, pour certains nous partageons tous les jours des choses sur les réseaux sociaux, des « moments de vie » comme les appelle l'influenceuse que j'adore Léna Mahfouf.

Il s'est passé plus d'un an entre le début de mon mal-être et le jour où je me suis dit, « mais merde, je ne suis pas cette fille-là ! ». À ce moment-là, je passais 50 % du temps à dormir et les autres 50 % à tirer la gueule, pleurer, faire des crises d'anxiété… La seule chose qui était « belle » dans ma vie c'était… mon compte Instagram !

En route pour aller chez le psy ? Fais une *story* du coucher de soleil !

Tu n'as rien posté depuis quelques jours ? Poste de vieilles photos de vacances ou des photos avec tes amis !

Tu as pleuré toute la journée ? Maquille-toi et fais des photos !

Enfin bon, ok tu es triste mais tu ne vas quand même pas montrer aux gens que tu es une pauvre fille triste et sans vie. Si ?

*Oh putain, elle m'a déjà agacée cette Shana-là !* Comme vous avez peut-être dû le remarquer, j'ai pas mal évolué depuis ce moment-là !

Si nous revenons à cette période, il était clair que les réseaux sociaux étaient pour moi, un moyen de garder une trace de la personne heureuse que j'étais auparavant. J'étais persuadée que si je commençais à partager des moments tristes et correspondant à mon état actuel à ce moment-là; je ne pourrais plus jamais retrouver la Shana heureuse.

Puis j'ai avancé… Est-ce que je devais poster des photos de moi en train de pleurer sur Instagram ? Non, TikTok suffisait pour ça (oui je vous ai dit je suis accro). Mais il était grand temps pour moi d'arrêter de m'inventer une fausse vie sur les réseaux sociaux pour… bah oui pourquoi d'ailleurs ?

➔ Si vous aussi vous êtes dans ce cas-là, je vais vous livrer de petites astuces que je vous conseille d'adopter pour vous tourner vers un contenu plus sain :

1. Supprimez tous les abonnés que vous ne connaissez pas, ceux qui sont là pour faire gonfler votre égo, où ceux qui sont toxiques et à qui vous espérez faire croire que votre vie est meilleure que la leur.
2. Supprimez toutes ces applications qui vous permettent de retoucher chacune de vos photos et de gommer tous vos défauts qui font finalement votre charme et que vous devriez apprendre à accepter.

    Booooonn, on a fait déjà un peu de ménage. Je vous assure que ces étapes sont compliquées mais qu'elles font vraiment du bien.

    Je vais vous donner un exemple qui me concerne et qui vous permettra peut-être d'y voir plus clair.

    Allez, c'est le moment « *story time* »[7], *t'as vu je mets des astérisques pour expliquer les termes des jeunes aux vieux. Bon parle mieux de tes lecteurs, car déjà si tu as la chance que ton livre soit lu, il ne faudrait pas les vexer...* Prenez un petit thé ou du chocolat et installez-vous confortablement. *Je dis ça comme si j'allais raconter un truc de ouf mais ils vont être déçus...*

    Comme je l'ai dit précédemment, je suis une fervente adepte de la plateforme TikTok. Il faut dire qu'après mon deuxième viol, je me sentais tellement perdue et incomprise que j'avais besoin d'extérioriser tout ce que je ressentais. Certains ont du talent et dessinent ou font de la musique ou de la danse pour extérioriser, moi je faisais des TikTok en pleurant et en dénonçant ce que j'avais vécu.

---

7 Un moment durant lequel on va raconter une histoire. (Anglais)

Le problème c'est que... mon TikTok a très vite été connu dans toute mon école et toutes les personnes qui me harcelaient et me menaçaient, s'en sont servies pour finir de me détruire. Bon, après vous me direz peut-être que dénoncer ses agresseurs ou les personnes qui nous harcèlent sur TikTok n'était pas une bonne solution... et...je vous l'accorde.

Je recevais constamment des messages d'insultes, lorsque j'ouvrais mon Twitter je voyais les gens parler de moi et de ce que je postais... Ce qui me faisait le plus de mal dans cette histoire, c'était de voir le nombre de partages qu'il y avait en dessous de chacune de mes vidéos. Enfin bref, je me tirais clairement une balle dans le pied à chaque fois que je postais une vidéo.

Puis est venu ce jour où mon monde s'est écroulé... « Votre compte a enfreint trop de consignes communautaires, il est à présent banni définitivement ! ».

Vous comprenez, dire au revoir à toutes ces vidéos sur lesquelles je pleurais et à tous mes *haters*[8] était un crève-cœur...

Après avoir chouiné deux jours, j'ai recréé un compte, je me suis empressée de bloquer toutes ces personnes qui se servaient de mes vidéos pour m'abattre; et je me suis également choisi un pseudo qui n'avait rien à voir avec mon prénom.

Tout cela est arrivé au même moment que les deux étapes que je citais plus haut, le moment où je me suis rendu compte que, montrer une vie parfaite sur Instagram n'allait rien m'apporter et que j'ai également compris que, pleurer tous les jours sur TikTok ne me ferait pas sortir de dépression plus vite. Bien au contraire...

---

8 Des personnes qui vont vous critiquer et/ou vous harceler sur les réseaux sociaux. (Anglais)

J'aimerais faire un petit arrêt dans ce chapitre pour partager un moment de vie que je viens de vivre. Il y a quelques jours, en vacances dans le Sud chez mes parents, j'ai fini une lecture. *Si la vie te donne des citrons, fais-en une tarte au citron meringué* de Charlotte Leman.

Ce livre de développement personnel nous offre une vraie part de positivité servi avec une tasse de nouvelle vie. Enfin bref, j'ai adoré ce livre et je vous invite vivement à le lire. En finissant je l'ai posé dans la bibliothèque familiale en me disant que j'allais le laisser pour ne pas encombrer mon petit appartement.

La nuit suivante, je n'arrivais pas bien à dormir et, comme souvent, je me suis mise à penser. Je suis retournée chercher ce livre et je l'ai remis dans ma valise en me disant que je me devais de l'offrir à quelqu'un qui en aurait besoin.

Aujourd'hui pendant que j'écris ce chapitre, je suis dans un train en direction de Paris et, à côté de moi, une jeune fille est en pleurs…

Je dois vous avouer que j'ai eu un peu de mal à me concentrer sur l'écriture car je voulais lui venir en aide mais je ne savais pas quoi faire sans la gêner ou venir la brusquer dans son mal-être. Et puis…cela m'est apparu comme une évidence. Je suis allée sortir ce livre de ma valise et je lui ai offert. Ce sont des petits moments comme cela qui me permettent d'être pleinement heureuse. Je me gorge de l'énergie des autres en essayant de rendre leur vie un petit peu plus douce.

Je pense que tout cela méritait d'être raconté car, c'est là l'étendue de ma manière d'être, aider les autres à aller mieux pour aller mieux moi-même ; et je vous souhaite de trouver cette petite chose motrice qui vous permettra de vous nourrir de positif.

Après ce moment de positivité, je reviens au cours de notre livre.

Je me suis donc retrouvée avec un nouveau compte TikTok et avec la prise de conscience que, pleurer sur cette plateforme ne me servait finalement pas à grand-chose.

> → Nous en venons donc à la troisième étape de notre processus pour aller vers un contenu plus sain

3. Créez du contenu qui vous ressemble

Pour ma part, j'ai commencé par me poser pour m'abonner à des comptes qui m'inspiraient, plus positifs et davantage dans le domaine qui me passionne, le développement personnel.

J'ai ensuite fait un post Instagram qui a signé mes adieux à « cette fille-là ». Un post intitulait « *Hi mom, i'm depressed* » et dans lequel je racontais que, cela faisait des mois que je mentais et que je n'allais pas vraiment aussi bien que ce que l'on pouvait croire.

Après cela, je me suis dit qu'il était important de me tourner vers un contenu qui me ressemblait vraiment, partager des moments de vie et faire en sorte que ce que je partage puisse aussi servir pour ceux qui le verraient.

J'ai commencé à réaliser des petits montages avec des citations positives, partager des choses qui m'aidaient à aller mieux, qui m'aidaient à me retrouver… en fait non, plutôt des choses qui m'aidaient à me trouver tout court.

Car finalement c'est à cela que ça sert d'arrêter d'être « superficiel », de partager des choses qui ne correspondent pas à la réalité… Tout cela sert à vous trouver vous-même.

→ Je vous invite à vous poser chaque jour cette question et à y réfléchir durant cinq minutes par jour. « Qui suis-je vraiment ? ». Selon moi c'est la base de tout, apprendre qui l'on est, apprendre ce que l'on veut vraiment et apprendre à aligner sa vie avec tout cela.

Encore une fois, je ne suis pas psychologue et je n'ai pas la prétention de dire ou même de penser que ce que je puisse dire représente une réponse universelle pour les gens en situation de mal-être.

Je pense simplement que certaines choses paraissent tellement simples que l'on oublie de s'en servir chaque jour pour avancer.

J'en parlerais tout au long de ce livre mais, personnellement, j'ai trop souvent mis de côté ce que je ressentais vraiment, ce que je voulais profondément, et cela m'a vraiment ralentie dans ma guérison.

➔ Si je pouvais donner un dernier conseil par rapport aux réseaux sociaux ce serait…
4. Limiter l'utilisation des réseaux sociaux !

Bon ok… C'est clairement l'hôpital qui se fout de la charité… Ce conseil est toujours en cours de mise en place de mon côté, mais il est clair que, les périodes où je limite mon utilisation de téléphone et par conséquent des réseaux sociaux, je suis bien moins anxieuse.
Cela me laisse également beaucoup plus de temps pour faire des choses pour moi.

Préparer des plats que j'aime, méditer, me balader, prendre soinde moi, lire, faire du sport…

Je suis la première à me réfugier dans mon téléphone et, je sais que les premiers temps de réduction de temps d'écran sont très compliqués car, c'est dans ces moments-là que l'on repense à ce qui ne va pas. C'est pour cela qu'il est important de trouver des activités de « remplacement » et ne pas rester sans rien faire, à dormir ou à comater devant une série (même si parfois ça fait du bien).

Vous pouvez le faire, il faut juste vous laisser un temps d'adaptation.

## QUALITES OU DEFAUTS

Mise en situation ; vous êtes dans un jeu télévisé et vous arrivez à la dernière question. Vous êtes sur le point de gagner un cadeau super mais il vous reste une petite question à laquelle vous devez répondre.
Je vous laisse le choix :
– Vous avez vingt secondes pour me citer sept de vos qualités qui font de vous la personne que vous êtes et qui font votre fierté.
Ou
– Vous avez vingt secondes pour me citer sept de vos défauts, Ce que vous n'aimez pas du tout chez vous et qui ne vous permettent pas d'être une personne incroyable.
Vous avez donc le choix, tenter d'énumérer vos qualités ou Bien vos défauts, en un temps imparti. Je vous rappelle que la réussite de ce jeu télévisé et votre réputation en vont de cette ultime question alors... à quelle question choisissez-vous de répondre ?

J'ai posé la même question à un échantillon de personnes à Travers mon compte Instagram et, ils ont répondu à 56 % qu'ils Préféraient énumérer leurs défauts que leurs qualités. Ce n'est bien entendu qu'un échantillon de personnes, mais nous pouvons imaginer que la moitié d'entre nous préférerait donc énumérer ses défauts devant la France entière, plutôt que ses qualités. Cela étant lié au fait qu'il est plus simple pour ces personnes-là de trouver sept défauts que sept qualités en un temps imparti.

Imaginez-vous maintenant la situation. Vous allez à la télévision, c'est une expérience agréable et vous espérez vous montrer sous votre meilleur jour. Il est certain que c'est un souvenir que vous allez garder en tête pour toujours. Ce souvenir ne risque d'ailleurs pas de s'effacer de la tête de vos amis et collègues d'aussi tôt non plus.

C'est donc 56 % qui vont préférer donner sept raisons à toutes ces personnes de les critiquer, de les rabaisser et de ne pas leur apporter la considération qu'ils méritent. C'est aussi peut-être votre cas si vous avez également répondu que vous préfériez citer sept de vos défauts. Ce n'est ici qu'un exemple très simplifié de la réalité.

Cependant, l'histoire nous a appris que, les autres vont souvent avoir tendance à nous faire remarquer nos défauts, bien plus que nos qualités. C'est pour cela que, nous avons pris l'habitude de nous dévaloriser pour ce qui n'est pas « bien » chez nous, et que nous oublions bien trop souvent de nous féliciter pour toutes les belles qualités que nous avons en nous.

Si vous vous dévalorisez auprès des gens, quels qu'ils soient, l'image qu'ils ont de vous ne pourra être que biaisée. Vous leur envoyez un signal qui dit « regarde je suis moins bien que toi et je te donne les clefs pour m'achever ».

Pour pousser un peu plus loin cette réflexion je vais vous Présenter les deux cas de figure me concernant. Commençons par mes défauts.

Je suis trop petite, pas assez mince, pas du tout cultivée. Je ne suis pas la plus intelligente de ma famille, je ne sais pas gérer mon argent, je suis trop sensible et pour finir je suis très naïve.

Qu'est-ce que cette description vous inspire ? Que pensez-Vous actuellement de moi ?

Personnellement, cela me fait penser à quelqu'un manquant terriblement de confiance, n'ayant pas vraiment de charisme car ne sachant pas s'apprécier physiquement, qui doit avoir du mal à s'affirmer.

Cela m'inspire également une personne un peu simple, vraiment pas très intelligente et de qui il est possible de se moquer facilement. Quoi que… Il ne faudrait pas trop rigoler devant cette personne car elle va se mettre facilement à pleurer, c'est sûr, elle l'a dit, elle est trop sensible.

Bon c'est encore une fois un résumé très imagé que je fais là et une vraie caricature de la personne que je ne suis finalement pas vraiment. Le but étant simplement de pousser cette petite « expérience » au bout du processus de réflexion.

Passons donc aux qualités, je vous demande d'oublier les défauts cités précédemment et ne considérer que la description suivante.

Je suis très indépendante, j'aime entreprendre plein de choses, porter mes valeurs haut et fort. Je suis très à l'écoute et je m'intéresse à beaucoup de sujets. Je dirais pour finir que je suis très positive et pleine d'humour.

Alors ? Qu'en pensez-vous ? Ok cette description peut sembler manquer un peu d'humilité mais, si vous deviez devenir ami avec l'une de ces deux personnes, la personne qui vient d'être décrite positivement ou la personne qui s'est rabaissée juste avant, vers qui vous tourneriez-vous ?

Lorsque je dis dans ce livre qu'il faut d'abord s'aimer soi-même avant de vouloir s'ouvrir aux autres, *j'espère que je leur ai déjà dit ça ? Je n'ai pas encore décidé l'ordre des chapitres ils vont être perdus les pauvres*, c'est aussi pour cela.

Si vous ne vous aimez pas, il sera très compliqué pour vous de vous mettre en valeur lors de votre présentation à de nouvelles personnes. Alors, vous continuerez à être dans un cercle vicieux qui vous mènera forcément à vous dévaloriser encore et encore.

Si au contraire vous vous appréciez à votre juste valeur et vous savez déceler vos qualités et les mettre en avant, la relation avec autrui ne pourra être que plus positive et plus saine.

Alors c'est à votre tour, faites une pause dans votre lecture et essayez de trouver sept qualités que vous aimeriez mettre davantage en avant. Sept qualités qui font de vous la personne que vous êtes et que vous devriez développer davantage plutôt que de vous concentrer sur vos défauts. Bien évidemment prenez le temps qu'il vous faut pour faire cet exercice.
C'est parti !

➔ La prochaine fois que vous rencontrerez quelqu'un, je vous invite à essayer de mettre en avant l'une de ces qualités. En fonction de la discussion, des circonstances dans lesquelles vous vous rencontrez… choisissez l'une de vos qualités et brillez à travers elle. Cela enrichira votre échange avec cette nouvelle personne et cela vous permettra peut-être de vous sentir valorisé par la personne avec qui vous échangez, sans même qu'elle ait besoin de vous complimenter.

## PLAIRE A TOUT LE MONDE

Ayant connu le harcèlement scolaire très tôt, j'ai rapidement subi le fait d'être mise de côté pour mes différences et qui j'étais fondamentalement. Avec le temps j'ai appris à comprendre ce que les gens attendaient et ce qu'ils aimaient et n'aimaient pas chez moi et, c'est comme cela, que j'ai pris la très mauvaise habitude de vouloir plaire à tout le monde.

Je ne m'en suis pas toujours rendu compte, cela aurait été trop facile sinon. Ce n'est que dernièrement, en échangeant avec ma psychologue, que je me suis rendu compte que je continuais à tout faire pour plaire au plus grand nombre.

J'ai été pendant très longtemps l'amie qui donnait tout! Je dépensais toute mon énergie et tout mon argent pour mes « amis ».

Je repense à une situation que j'ai vécue et qui image bien cela. Il y a deux ans, au moment où j'ai commencé à réellement aller mal, je m'étais retrouvée dans ma chambre à pleurer un soir lorsque j'avais reçu un message d'une amie qui me confiait aller très mal et avoir besoin de parler. Je me suis donc empressée de sécher mes larmes et je l'ai écouté pleurer et me raconter ses soucis avec ses copains durant deux heures, tout en mettant tout ce qui n'allait pas pour moi de côté.

Vous allez certainement vous demander « pourquoi? ». Parce que je suis l'amie qui est toujours présente et à chaque fois que j'ai dû arrêter pour penser un minimum à moi, on m'a abandonnée.

Après, pour être honnête, la faute me revient bien plus qu'aux personnes que j'ai pu fréquenter. C'est simplement que je faisais tout pour leur plaire jusqu'à m'oublier moi-même.

J'ai fait de nombreuses choses que je ne voulais pas faire, mais que j'ai faites par peur de décevoir les gens.

Tout cela a été un cercle vicieux et j'ai décidé de tout arrêter le jour où je me suis rendu compte à quel point je me décevais moi-même pour ne pas décevoir les autres.

Je me forçais parfois à sortir, à boire, à offrir plein de choses, à tout payer, à coucher avec des hommes, à arrêter de parler à certaines personnes… Tout cela pour plaire aux personnes que je fréquentais, que ce soit mes amis, des connaissances, des mecs, ma famille…

L'exemple le plus frappant est certainement lié à mon frère Arthur. Pendant des années j'ai fait tout ce qu'il attendait de moi, je me rendais tout le temps disponible pour lui, lors des moments où il n'allait pas bien je faisais tout ce qui était en mon pouvoir pour qu'il aille mieux, quitte à me négliger moi-même. Je me suis souvent disputée avec ma famille pour le défendre, j'ai parfois changé de style pour lui plaire, supprimé des mots de mon vocabulaire… Et finalement, la chose la plus frappante, est certainement la fois où, après 1 an sans se parler (lorsque j'avais 15 ans), j'ai décidé de tenter de lui reparler et, bien que nous soyons tous les deux fautifs, il m'a demandé de m'excuser en me disant que tout été « 100 % de ma faute ». Et devinez ce que j'ai fait ?

Puis lorsqu'il y a un an j'ai décidé de couper les ponts avec lui, il a affirmé que je n'avais jamais été là pour lui… En fait dès que vous n'allez plus dans le sens des gens qui sont mauvais, ils vous détruisent. Ça a été le cas avec de nombreuses personnes dans mon passé.

➔ Il faut être soi-même, c'est la clé pour permettre à des relations, quel qu'en soit le type, de se fonder sur des bases saines. La personne que vous êtes et vos différences font votre force, et, si les personnes que vous côtoyez vous font penser le contraire, je suis désolée mais il faut changer d'entourage de toute

urgence. Apprenez à vous faire aimer pour qui vous êtes.
Mais aussi à vous faire détester pour qui vous êtes. On ne peut pas plaire à tout le monde et cela ne doit pas devenir un complexe. Bien au contraire !

## MAUVAIS SOUVENIRS…

Je trouve la musique Flash de Lomepal très représentative de ce que je peux ressentir certains soirs, depuis tout ce que j'ai vécu.
« Mauvais souvenirs qui reviennent comme un thème, qu'est-ce que vous venez foutre à cette heure dans ma tête ? »
Les souvenirs de mes traumatismes sont comme figés dans ma mémoire. Dès lors que je me remets à y penser, la douleur revient, elle me saisit et me paralyse. Elle vient replacer la boule dans mon ventre et renoue ma gorge pour me faire revivre toute l'angoisse du moment.
Dans cette chanson Lomepal dit : « Je me souviens de chaque jour de ma vie. Je m'en souviens si bien que je veux oublier. », puis il aborde toutes les étapes compliquées et tous les « traumatismes » de sa vie. C'est un peu cela, on se souvient de tout et les souvenirs sont tellement lisses et clairs que nous rêverions de pouvoir les oublier.

Il faut savoir que cela est très fréquent lorsque l'on vit un traumatisme. Le reste des souvenirs continuent à se hiérarchiser dans la mémoire et de s'effacer petit à petit pour devenir de moins en moins nets dans la mémoire ; tandis que les traumatismes, restent figés et ne s'effacent pas.
C'est en tout cas un problème auquel j'ai personnellement fait face et c'est pour cela que j'ai commencé à prendre des antidépresseurs.
J'ai débuté mon traitement en prenant un médicament qui était spécialisé dans la « réparation de la mémoire » et qui permettait aux traumatismes de se replacer convenablement dans cette dernière.

J'ai débuté ce traitement car mes traumatismes avaient pris le dessus sur moi-même. Tout ce que je voyais ou que j'entendais me ramenait à mes traumatismes. Un enfant ou une personne me parlant de son frère, de sa sœur ou de son neveu ou nièce, me ramenait directement à mon traumatisme lié à l'abandon de mon frère et le fait que je ne puisse plus voir mon neveu.

Le fait d'être à l'arrière d'une voiture me rappelait mon agression
dans un Uber.

Le fait de voir des hommes alcoolisés me tétanisait par peur, qu'eux aussi, abusent de moi...

Bref, ma vie était devenue invivable. Pour m'imager ce processus mon psychiatre m'avait donné l'exemple de la souris et du chat.

Si l'on ouvrait la cage de la souris pour la première fois et qu'au moment où elle en sortait elle se faisait attaquer par un chat, cette dernière allait prendre l'habitude d'être sur ses gardes et être anxieuse à chaque fois que la porte de sa cage s'ouvrirait à nouveau.

C'est un peu comme cela que je voyais le monde. J'avais déjà expérimenté des expériences traumatisantes et j'étais persuadée que si je recommençais à vivre normalement, mes traumatismes m'arriveraient à nouveau. C'est ce qu'il se passe quand les traumatismes ne s'effacent pas et restent frais dans la mémoire sans jamais se faire oublier, même un tout petit peu. Et c'est pour cela que j'ai commencé mon traitement.

Il m'a permis de replacer mes traumatismes à leur place dans la mémoire, ce qui m'a laissé du champ libre pour réapprendre à vivre, et à ce moment-là la balle était dans mon camp.

→ Lorsque vous êtes dans une situation de « choc post-traumatique » vous allez souvent vous sentir comme la petite souris qui se dit qu'à chaque fois qu'elle va ressortir, le chat l'attendra.

À la différence de la petite souris, ce n'était pas la première fois que vous « sortiez de la cage ». Votre expérience doit vous servir pour vous raisonner et vous permettre de comprendre que votre traumatisme ne va pas recommencer si vous reprenez une vie normale.

Reprendre le dessus sur sa raison, c'est certainement l'une des choses les plus compliquées lorsque l'on a connu une situation traumatique. Mais il y va de votre survie. Si vous ne parvenez pas à reprendre le dessus vous n'arriverez jamais à reprendre votre vie.

Vos traumatismes doivent vous permettre de modifier certaines choses pour être plus vigilant afin de vous protéger; mais cela ne doit pas vous handicaper en vous empêchant de continuer à vivre.

Servez-vous de ces « mauvais souvenirs » comme une force et comme une nouvelle corde à votre arc. Ne laissez pas un traumatisme prendre le dessus sur votre vie. C'est comme cela que vous laissez ce traumatisme gagner… Vous devez lui faire front et apprendre à le canaliser pour réussir à vivre avec.

# LE VIOL

Je ne savais pas si je devais dédier tout un chapitre à cela, car j'espère que mon livre pourra aider de nombreuses personnes et pas seulement des personnes ayant subi une agression sexuelle ou un viol.

Cependant, le viol a pris une si grande place dans ma vie ces dernières années que je me devais de lui « dédier » un chapitre. Depuis que j'ai subi mon premier viol j'ai été frappée par le nombre de personnes en ayant subi. C'est également comme cela que je me suis rendu compte à quel point, des personnes ayant vécu des choses similaires, pouvaient avoir une manière très différente de gérer la situation.

Pour moi, le viol a été la mort de l'enfant qui était en moi. La mort de tous ces espoirs d'un monde merveilleux. La mort de ce que je pourrais appeler « l'appartenance de mon corps et de mes choix ».

Lorsque je me suis fait violer pour la première fois, j'ai tellement exprimé mon désaccord et tellement répété le mot « non », que tout cela a perdu tout son sens par la suite.

Pourquoi exprimer son désaccord s'il n'est pas écouté ?
C'est aussi à ce moment-là que j'ai été frappée par le fait que, mon corps, n'avait plus été MON corps ce soir-là, puis à chaque fois que l'on a abusé de moi.

En fait, un corps est une enveloppe, une maison, dans laquelle on reste pour toute la vie, et sur laquelle nous possédons (normalement) tous les droits.

Lorsque je me suis fait agresser j'ai compris (malgré moi),

que même l'endroit où j'étais le plus chez moi (mon enveloppe corporelle) pouvait m'être arraché par autrui.

Rupi Kaur a dit, dans l'un de ses livres, en parlant du viol que « c'est comme si tu m'avais jetée, si loin de moi-même, que depuis j'essaie de retrouver mon chemin. ».
Cette phrase a tellement résonné en moi quand je l'ai lu. C'était exactement cela que je ressentais depuis de longs mois et que je n'arrivais pas à verbaliser.
C'est en soi-même que nous pouvons trouver un équilibre, un refuge… Et lorsque quelqu'un vient perturber cet équilibre sans qu'il y ait été invité, nous perdons tous nos repères.
Après mes différentes agressions je me suis sentie coupable. Coupable de ne pas m'être assez débattue, coupable de ne pas avoir crié, coupable d'avoir été au mauvais endroit au mauvais moment.
Après mes différentes agressions je me suis sentie salle, souillée, impure. Le sexe me paraissait monstrueux et douloureux.
Je m'en suis voulu de faire subir tout cela à ma famille. De les voir tristes, énervés, révoltés.
Tous ces sentiments que, si vous avez malheureusement vécu une agression, vous avez dû ressentir.
Cependant, je serais intransigeante sur le fait qu'il faut vous enlever toutes ces idées de la tête. Vous n'y êtes pour rien, vous êtes la victime et, quoi qu'il arrive, vous ne devez pas vous en vouloir, ni vous sentir sali. Il est primordial de vous enlever toutes ces idées de la tête car c'est ce qui vous fera le plus de mal. Vous devez être accompagnés et être épaulés dans cette situation.
Il y a autre chose que j'ai fait après mes différentes agressions. C'est me désolidariser complètement de la partie de moi qui avait vécu cela. Durant de nombreux mois, lorsque je parlais de mes agressions, j'en parlais à la troisième personne. En fait, j'actais le fait que, « cette Shana-là », était morte.
Cependant, bien qu'en apparence cela semble être une bonne idée, je me suis très vite rendu compte que j'avais abandonné la

partie de moi qui avait vécu les choses les plus terribles au moment même où elle avait le plus besoin d'être épaulée.

Cela m'a pris du temps mais je suis parvenue à me reconnecter avec cette partie de moi afin de pouvoir la ramener et ne plus la laisser tomber.

→ Quoi qu'il arrive, la personne qui a vécu cela est en vous et vous ne devez pas l'abandonner. On en parle beaucoup dans ce livre mais, la seule personne qui peut vraiment vous comprendre et être là pour vous c'est vous-même. Alors n'abandonnez pas cette partie de vous et accompagnez-la vers la guérison.

Il en va de même pour les autres traumatismes que vous avez pu subir et pour lesquels vous vous désolidarisez, volontairement ou non, de la personne qui l'a vécu.

## CECI EST UNE THERAPIE

À l'image du fameux tableau « Ceci n'est pas une pipe »[9] de René Magritte ; ce chapitre va porter sur toutes ces choses que j'utilise au quotidien et qui m'aident à guérir. *Ça n'a vraiment rien à voir, il n'y a que le nom du chapitre qui ressemble au nom de ce tableau Shana.*

Naturellement ce chapitre ne va pas porter sur ma thérapie en elle-même, celle que j'exécute avec des professionnels, nous en parlerons dans un autre chapitre. *Je dis que c'est naturel mais en relisant je me rends compte que ça ne l'est peut-être pas. J'ai menti je n'ai pas relu j'ai juste réfléchi, ça m'arrive !*

Si je dois parler de ce qui est thérapeutique pour moi, j'ai tout de suite envie d'aborder la place qu'a pris la musique dans ma vie.

J'ai commencé à réellement apprécier la musique durant le premier confinement. C'était une manière pour moi de m'évader, de choisir une atmosphère et de me plonger pleinement dedans.

Se créer une bulle... C'est un processus qui m'a très tôt été enseigné par l'une de mes psychologues. Je devais avoir 11-12 ans lorsque j'ai créé la « Bubble star », ma bulle à moi, dans laquelle je devais me réfugier intérieurement à chaque fois que je n'allais pas bien.

J'ai cultivé cette *self place* intérieure et je l'ai fait évoluer jusqu'à aujourd'hui. Je suis convaincue que la musique a un

---

9 Il s'agit d'un tableau très connu de René Magritte représentant une pipe en bois et sur lequel nous pouvons lire l'inscription « ceci n'est pas une pipe ». Il n'y a pas vraiment de rapport mais j'aime bien ce tableau et il collait avec le titre du chapitre donc voilà !

vrai rôle à jouer dans le fait d'aller bien. Il est important en tout cas de créer un lien entre les styles de musiques et nos humeurs, cela a, pour ma part, créé un processus automatique dans mon esprit. Bon, j'ai utilisé deux trois mots un peu techniques, je vais recommencer à parler un peu plus naturellement pour entrer dans les détails.

J'ai créé de nombreux automatismes avec des musiques que j'ai écoutées encore et encore, quand ça n'allait pas. C'est pour moi des *safe places* à elles seules. Elles me permettent de calmer ma tourmente, de retrouver quelque chose de connu et d'agréable, de doux et de calme. Généralement, si je suis dans une situation de stress ou d'anxiété, je vais mettre mes deux écouteurs et mettre une playlist apaisante contenant certaines de ces musiques et cela va me permettre de me concentrer sur mon être intérieur et de m'apaiser. Je ne sais pas si cela se fait mais je vais lister certaines de ces musiques, qui m'aident à m'apaiser, à la fin de ce livre.

Ce processus fonctionne aussi dans d'autres situations moins dramatiques. J'utilise la musicothérapie[10] pour m'endormir. J'ai des musiques dont je me sers comme booster et en les écoutant une ou deux fois de suite, je vais chercher la motivation enfouie en moi pour être capable de faire une chose ou une autre…

➔ En bref, si ce n'est pas déjà fait, je vous encourage vivement à vous créer votre bulle avec vos musiques qui vous font du bien et qui vous permettent de retrouver un état de plénitude quand ça ne va pas. Accordez-vous ces moments d'apaisement, où que vous soyez et à n'importe quel moment de la journée ; si vous en avez besoin, mettez vos écouteurs et évadez-vous, retrouvez-vous !

---

10 La musicothérapie est l'utilisation de la musique, du son dans une démarche de soin. C'est une thérapie à support non verbal utilisant le sonore, le musical.

L'une des autres choses qui m'a été le plus bénéfique, dans des moments de profond mal être, c'est de me retrouver seule. Si je dois vous donner un conseil à écrire en lettre d'or, *jamais je n'abuse moi*, c'est celui d'apprendre à apprécier votre propre compagnie.

J'ai longtemps détesté être seule. Ayant subi beaucoup de harcèlements plus jeune, me retrouver seule était pour moi un sentiment lié à beaucoup de moments très désagréables.

Être seul est, dans l'imaginaire collectif, quelque chose de négatif. Nous sommes seuls car nous ne sommes « pas assez bien »   pour être avec des gens. Nous sommes seuls car nous ne sommes « pas assez cool » …

Rendez-vous compte, être seul signifie en fait se suffire à soi-même.

Leonardo Di Caprio a dit un jour « tu penses pouvoir briser ma confiance ? Je mange tout seul au restaurant ! ».

Se retrouver seul montre que vous avez confiance en vous et que vous n'avez pas besoin d'autrui pour vous sentir bien. C'est l'une des choses les plus importantes dans le principe de l'existence.

Une chose que j'essaie de me rappeler à chaque fois qu'une personne me semble devenir indispensable à ma vie c'est que, la seule personne qui restera avec nous, à coup sûr, et qui ne nous abandonnera jamais, de notre naissance jusqu'à notre mort, c'est nous-même.

➔ Commencez par essayer de prendre le temps de faire des choses que vous n'avez jamais le temps de faire mais qui vous font du bien. Dédier un après-midi à vos soins, vous préparer votre recette préférée, aller faire du lèche-vitrine, vous balader dans votre quartier…

Petit à petit, faites entrer un moment durant lequel vous vous retrouvez seul, où vous pouvez vous concentrer sur vous-même, faire une sorte d'introspection quotidienne.

Vous verrez très vite les bienfaits de se retrouver seul et, je l'espère, cela deviendra une habitude presque vitale pour vous permettre d'aller bien.

Pour ma part, me retrouver seule me permet de m'apaiser, de faire une sorte de pause tout en faisant des choses qui me stimulent et qui me permettent de me rendre compte que je me suffis.

STOOOPPPP, c'est mon livre, c'est moi qui décide ! On va faire quelques affirmations positives car ça fait du bien.
D'abord, qu'est-ce que c'est des « affirmations positives » ? C'est affirmer quelque chose de positif sur soi ou sur un objectif, à voix haute et de manière répétée, afin de se conditionner, de sorte que nous aurons plus de chance que cela se réalise ou, dans le cas d'affirmations sur soi, que notre cerveau assimile ces affirmations comme une vérité universelle.
C'EST PARTIIIIIIIIII !!!!!
« Je mérite d'être aimé (e) ! » (celle-ci je l'ai volé au docteur JUIPHE[11])
« Je suis prêt(e) à avancer/ à aller mieux ! »
« Je réussis ce que j'entreprends et je suis capable d'accomplir de grandes choses ! »
« Je suis courageux (se) ! »
« Je me suffis à moi-même ! »
Allez, vous répétez tout ça 5 fois je vous attends pour continuer.
*Shana tu leur dis de le faire mais toi aussi ça ne te ferait pas de mal. OK ! C'est parti pour, moi aussi, répéter ces affirmations.*

En fait, ce processus fonctionne un peu de la même manière que celui qui fait appel au sourire forcé. Des études ont prouvé que se forcer à sourire quelques minutes par jour, pourrait

---

11 Référence tirée de la série *Le Flambeau* et du personnage interprété par Pierre Niney

diminuer le stress et permettre d'adopter une posture plus positive  tout au long de la journée.

L'une des autres thérapies que j'ai adoptée lors de ma dépression c'est la lecture. Si vous lisez ce livre il y a de forte chance que ce soit aussi votre cas alors, bravo ! C'est déjà une étape.

Je pense que j'ai commencé à m'intéresser au développement personnel grâce à l'influenceuse Léna Mahfouf. Un jour, sorti de nulle part, elle a publié une vidéo dans laquelle elle présentait sa manière de penser et d'agir régie sous le signe + = +. « Une formule bien plus philosophique que mathématique » selon elle.

Cette formule se base sur l'affirmation que « le positif attire le positif » et revient à dire que, si vous pensez de manière positive et que vous essayez de tirer quelque chose de positif de chaque situation, votre vie deviendra positive et les nouveaux évènements qui la composeront le seront aussi.

Après avoir passé mes années de collège avec inscrit « + = + » à l'eye-liner sur mon poignet, je me suis mise à lire des livres de développement personnel.

Mais en fait, c'est quoi le développement personnel ?

Selon une source relativement fiable trouvée sur internet, « Le développement personnel est un ensemble de pensées, techniques et méthodes afin de viser l'amélioration de soi, l'épanouissement de ses talents et compétences, et plus généralement d'obtenir une meilleure qualité de vie. ».

Selon une source relativement fiable qui est moi-même, le développement personnel est le fait de concentrer son apprentissage sur soi-même, comprendre qui l'on est et comment nous fonctionnons afin de développer nos compétences innées au maximum. C'est aussi un moyen de mieux vivre en se basant sur un mode de vie plus sain car respectant ce dont nous avons profondément besoin et envie.

J'ai donc lu de nombreux livres de développement personnel qui m'ont permis de mieux comprendre mon fonctionnement ainsi que mes réactions. Mon choix en termes de lecture s'adapte en fonction de mon besoin à l'instant T, du sujet sur lequel j'ai besoin d'être éclairée pour parvenir à avancer ou à résoudre une situation.

Pour ma part, le développement personnel passe également par le fait de méditer pour me connecter avec mon moi profond et me couper du monde environnant pendant quelques minutes. Cela passe aussi par apaiser mon esprit grâce à la musique ou au fait de me retrouver seule. Vous avez vu ? Tout est lié en fait ! (émoji clin d'œil).

Cela passe aussi par le fait de prendre confiance en moi et donc par le sport et une bonne alimentation.

➜ Vous pouvez vous créer votre routine de développement personnel qui pourra se baser sur vos besoins, ce que vous aimez faire et ce que votre corps et votre esprit vous réclament pour aller bien.

J'aimerais conclure cette partie développement personnel en vous partageant mes trois livres préférés dans ce domaine :

– *Ta deuxième vie commence quand tu comprends que tu n'en as qu'une* – Raphaëlle Giordano
– *L'homme qui voulait être heureux* – Laurent Gounelle
– *Miracle Morning* – Hal Elrod
- *Respire* - Maud Ankaoua

Je ne vais pas tenter de vous faire des résumés ou même d'essayer de vous expliquer de quoi ils traitent, car ma famille m'a toujours dit que je ne savais pas raconter d'histoire. Ce livre prouve peut-être le contraire en fait ?

Bon en tout cas, je vous invite vivement à vous rendre dans une librairie et à prendre le temps de feuilleter ces trois livres pour vous en imprégner et peut-être même, pour vous les offrir en gage d'encouragement.

## CECI N'EST PAS UNE THERAPIE

Je ne compte plus le nombre de mauvaises habitudes et d'addiction que j'ai pu développer avec ma dépression. Dans des cas de traumatismes, il est fréquent de voir des addictions à l'alcool, à la drogue ou encore à la mutilation se développer. Je n'ai pas été dans les cas précédents, c'est pourquoi je n'aborderai pas ces sujets en particulier.

Cependant, une addiction restant une dépendance créée par un manque et/ou un besoin, vous verrez à travers ce chapitre que mes dépendances étaient peut-être un peu différentes des vôtres, mais que vous pourrez certainement vous retrouver un peu dans la description des besoins à combler…

Je vais aborder ici un sujet qui est assez compliqué pour moi, car je suis actuellement en train de travailler dessus.

Arrivée à Paris en septembre 2021, je posais mes affaires dans mon petit chez moi, loin de ma famille, loin de mes problèmes et surtout dans une situation nouvelle qui était celle de vivre et de s'assumer toute seule.

Je pense qu'il est important de resituer cette arrivée dans le temps. Quelques mois avant je subissais mon deuxième viol qui allait me créer des troubles puissants d'anxiété et d'agoraphobie[12]. J'avais passé l'été à traiter mon vaginisme et j'avais subi une agression physique par mon premier violeur et sa petite amie quelques jours à peine avant mon déménagement.

---

12 Trouble anxieux caractérisé par la peur dans certains lieux et situations dont la personne estime qu'il est difficile d'échapper.

J'arrive donc à Paris complètement détruite, anxieuse, en ayant peur de tout et de tout le monde, mais guéri de mon vaginisme.

C'est dans cet état que je télécharge ma première application de rencontre. Je remplis minutieusement mon profil, quelques photos sur lesquelles je me trouve jolie, une où mon décolleté mettait en valeur ma poitrine, une avec une belle robe… Je m'occupe aussi de remplir ma biographie, quelques mots pour me décrire que j'efface aussitôt. C'est compliqué de se présenter en quelques mots tout en donnant envie d'être rencontré, ou d'être dragué, ou… En fait, je ne sais même pas ce que je recherche à ce moment-là. J'efface tout une nouvelle fois et je me contente de cette phrase qui ne dit absolument rien sur moi. « Une Montpelliéraine à Paris, tu me fais visiter la ville ? ». Un simple clic sur « enregistrer » et me voilà inscrite et visible par des milliers d'hommes.

C'est comme ça que j'ai commencé à passer du temps à *swiper* à droite puis à gauche. Beaucoup à gauche[13] en fait. Au début je sélectionnais minutieusement les garçons.

Il y avait des critères physiques plus ou moins stricts et surtout une lecture de la bio qui devait soit m'apporter des informations claires sur le candidat soit me faire rire.

Puis… après quelques matchs[14] pas très concluants, je commence à discuter avec un garçon. J'avais parlé de critères physiques vous vous souvenez ? *Non mais t'est bête, tu demandes s'ils se souviennent mais tu viens d'en parler. Il faudrait que j'arrête d'utiliser des termes aussi péjoratifs pour me décrire au passage !*

Les critères de base étaient : brun et barbu, un peu musclé ou alors avec quelques kilos supplémentaires pour qu'il ressemble à un ourson. Eh bien ce premier garçon était peu musclé, roux et sans barbe. Les critères physiques étaient donc

---

13 Sur la plupart des applications de rencontres, nous devons « *swiper* » à droite pour liker un profil, et à gauche pour indiquer qu'il ne nous plaît pas.
14 Un match signifie que les deux personnes ont indiqué que l'autre leur plaisait et qu'ils peuvent donc discuter.

déjà complètement supprimés du tableau.

Ce garçon était très gentil, drôle et... presque autant excitant qu'excité. *C'est à ce moment-là que je commence à espérer que mon père aura décroché dans la lecture de ce livre avant d'arriver à ce chapitre.*

Nous avons discuté plusieurs jours et nous avons programmé un *date*[15] dans un bar pour le week-end qui suivait. Plus les soirs passaient, plus il me montrait qu'il avait envie de moi.

Cela m'a amené à échanger quelques photos un peu coquines, *ahah je n'ai jamais utilisé ce terme c'est juste que je suis très gênée d'en parler.*

La veille du jour de notre rendez-vous, il m'a demandé à venir chez moi directement plutôt que de nous rencontrer dans un bar comme cela était prévu. J'étais très inquiète, le fait de me retrouver avec un homme, inconnu, chez moi, après des mois sans avoir échangé avec un homme...

J'étais en panique !

Sans savoir pourquoi j'ai fini par accepter, j'avais l'impression que j'allais passer pour une fille pas assez cool si je refusais et qu'il allait peut-être arrêter de me parler... Il était super cool ce mec, je ne voulais pas qu'il arrête de me parler... *Est-ce qu'ils voient le premier Red flag ?*

*Est-ce que les lecteurs vont se rendre compte des problèmes au fur et à mesure que je raconte l'histoire ? Ou peut-être qu'ils ont déjà décroché ? Ou peut-être même que je ne sortirai jamais ce livre et que personne ne le lira ? Il est vachement bon ce café !*
*Concentre-toi Shana !!!*

---

15 Un rendez-vous galant (anglais)

Bon la suite avec ce garçon n'est pas très intéressante. Je l'aurais raconté si j'avais pour but d'écrire un roman pour ado qui puisse les faire frétiller timidement sur leur lit pendant que leurs parents les attendent pour passer à table.
Mais ce n'est pas le but !
Je vais donc me contenter de dire que le premier rendez-vous chez moi avait été un peu chaud et que, grâce à mes menstruations, j'avais évité de « coucher le premier soir ». Le deuxième rendez-vous avait été beaucoup moins calme et nous avions couché ensemble. Quel dommage... Cela avait tout cassé. Toute la complicité que nous avions jusque-là s'était envolée au moment même où nos corps étaient rentrés en non-symbiose. Ouais pour parler en langage plus cru, il n'y avait aucun feeling au lit, il a juste tiré son coup et moi je me suis ennuyée.

Après cette expérience j'ai compris plusieurs choses :
– Les mecs sur ces sites ne sont pas là pour mon plaisir ni pour faire leur vie avec moi
– Je ne connais pas mon plaisir
– Il est très facile de coucher sans se prendre la tête
– C'est un bon moyen de passer le temps

C'est à ce moment-là que je me suis posée dans mon lit et que j'ai réfléchi, voici un passage de cette réflexion que je partage avec vous en exclusivité :
*Bon Shana, jusqu'à présent tu as eu plus de mauvaises expériences que de bonnes expériences, tu as eu presque à chaque fois extrêmement mal autant physiquement que psychologiquement et tu as besoin de savoir si tous les hommes sont des monstres ou non.*
*Je pense que c'est le moment pour activer le Fast Sex[16] et voir si tu peux prendre du plaisir ou non.*

---

16 Le fait de coucher avec beaucoup de personnes en un minimum de temps. En rapport avec les fast-foods. De la « nourriture simple et rapide ».

J'ai donc téléchargé trois applications de rencontre supplémentaire et j'ai commencé à passer mes journées et mes nuits à *swiper*, matcher et discuter. J'avais l'envie de découvrir ces hommes à travers des rendez-vous sympas et originaux ; mais à chaque fois que l'un d'entre eux me plaisait, il me demandait de venir chez moi directement.

Comme pour le premier, je ne voulais pas passer pour une vieille fille et me faire abandonner par ces garçons donc j'acceptais à chaque fois.

S'en sont suivies quelques parties de jambes en l'air. J'aimerais les décrire avec un adjectif... Torrides ? Passionnées ? Agréables ?
Non ça ne convient pas. Elles étaient souvent rapides, brutales et ne me procuraient absolument aucun plaisir.

Avec le temps, j'ai commencé à développer une addiction à la violence au lit. Je demandais aux hommes de me dominer toujours plus.

Ils me brutalisaient, me laissaient des marques, me faisaient me sentir comme un petit caca sous une chaussure bas de gamme. *Je vous avais dit que j'aimais les images.*
J'enchaînais les expériences traumatisantes pour mon corps et pour moi-même tout en travaillant sur ma guérison avec mes médecins.

Le plus gros problème dans tout cela, c'est le fait que je ne me rendais absolument pas compte de ce que je faisais, c'était devenu une habitude de voir de nouveaux mecs et de leur donner mon corps. Je normalisais cela grâce à plusieurs choses.

L'une des choses les plus tristes mais réelles que je disais lorsque l'on me demandait pourquoi j'agissais comme cela, en enchaînant les coups d'un ou deux soirs, c'était que j'avais toujours apporté une grande importance au sexe, je voulais donner mon corps seulement à quelques hommes avec qui je me sentirais en confiance et en symbiose.

Seulement, on ne m'avait pas laissé le choix certaines fois et donc j'avais décidé de le donner à n'importe qui à chaque fois que j'en avais envie.

Je ne voyais pas vraiment le mal, je profitais de mon célibat, de ma jeunesse, de ma capacité à plaire aux hommes et à leur donner du plaisir. Ça c'est ce que je pensais.

Ce qu'il se passait réellement était beaucoup moins glorieux. Il y a deux parties bien distinctes dans cette addiction.

Il y a d'un côté le fait de s'adonner à de la violence de manière récurrente pour atteindre le seuil de déconnexion mentale. *Je sais, je parle chinois là. Je vais m'expliquer.*
Je remercie ma psychologue actuelle de m'avoir si bien expliqué ce phénomène.

Lorsque l'on fait face à un traumatisme, il y a une partie de notre cerveau qui disjoncte car ce qu'il se passe est si terrible que cela pourrait nous conduire à avoir une crise cardiaque. Notre corps est si bien fait qu'il s'auto-protège et nous plonge durant un moment, plus ou moins long, dans un état second qui nous déconnecte totalement de ce qui est en train de se passer. Vous avez peut-être ressenti cela si vous avez vécu un gros traumatisme.

C'est cette déconnexion et cet état second qui permet de faire un arrêt net dans une montée de stress et de panique qui est souvent recherché à la suite d'un traumatisme et c'est pour cela que les gens ont tendance à tomber dans l'alcool, la drogue ou encore la mutilation, qui permettent d'atteindre cet état second.

C'est également ce que je faisais, je repoussais mes limites et les limites de mon corps en m'adonnant à des pratiques qui me faisaient souffrir pour atteindre ce stade de déconnexion.

Avec le temps, j'ai vraiment développé un besoin irrépressible d'atteindre régulièrement cet état, sans quoi je me sentais constamment anxieuse et je retombais encore plus bas dans ma dépression.

À côté de cela, il y a aussi la notion de consentement qui s'est développée car je me retrouvais très souvent dans des situations qui ne me plaisaient pas mais que je provoquais et j'ai fait disparaître le mot « non » de mon vocabulaire. J'acceptais tout. Quand on me demandait pourquoi je ne pouvais pas dire « non » quand cela allait vraiment trop loin j'expliquais facilement que, du moment où je prononçais le mot « non », je m'exposais au fait que je puisse ne pas être écoutée, comme cela avait été précédemment le cas. Lorsque l'on dit « non » et que l'on n'est pas écouté, dans ce contexte précis, cela se termine donc en agression ou pire, en viol. Je ne supporterais pas de vivre une nouvelle fois cela et de me retrouver à nouveau dans la position de la victime. C'est pourquoi, j'ai pris l'habitude de m'auto-agresser en n'exprimant pas mon désaccord avec certaines pratiques, plutôt que de risquer que la personne en face soit un nouvel agresseur pour moi.

Pourquoi je vous raconte tout cela ?

Pour vous montrer que certaines addictions peuvent être bien différentes de celles connues, que cela peut prendre différentes formes et qu'il est important d'en parler.

En parler pour sensibiliser, mais aussi pour que certaines personnes, peut-être certains d'entre vous qui lisez ce livre, puissiez-vous rassurer sur certains de vos agissements et mieux vous comprendre vous-même.

Ce que je faisais avec ces hommes, le fait de ne prendre aucun plaisir et de me ré-agresser constamment, m'a permis de comprendre beaucoup de choses sur moi-même et sur les autres. Je n'ai pas envie de dire que je le regrette, car je ne peux pas m'en vouloir de chercher du réconfort et de l'apaisement, quand tout mon corps est en feu et en sang.

L'important est de se rendre compte et d'avancer, de guérir et d'apprendre à trouver des moyens plus sains de s'apaiser.

Pour ma part je dois apprendre à dire « non », apprendre à me laisser donner du plaisir, mais aussi apaiser mes démons de manière définitive pour ne plus avoir besoin d'atteindre cet état de déconnexion.

➜ Il est important d'essayer de détecter les actions que vous pouvez faire qui vous semblent sans importance, mais qui ont un lien direct avec ce que vous avez pu vivre comme un traumatisme. Le meilleur moyen est de poser des questions autour de nous, s'informer si nos habitudes sont partagées par d'autres ou si elles semblent étranges ou dangereuses.

Si vous détectez une addiction dangereuse pour vous-même, il est important de vous faire accompagner pour résoudre les problèmes à la source.

## ÉCRIRE C'EST...

J'ai toujours adoré la chanson *Écrire* du rappeur Nekfeu. C'est d'ailleurs devenu la bande originale de mon court-métrage sur le harcèlement scolaire. (Vous pouvez le trouver sur YouTube en cherchant « Invisibles court-métrage Care About Us »).

« Écrire c'est capturer quelques souvenirs uniques dans des pochettes immenses ».

Écrire c'est mettre des mots sur une situation, c'est mettre sur le papier ce qui nous perturbe, encombre notre esprit ou encore ce que nous voulons conserver à tout jamais et ne pas oublier.

Quelle que soit la raison pour laquelle nous écrivons, c'est l'occasion pour notre esprit de clarifier et d'inscrire des choses qu'il peut être parfois compliqué d'exprimer.

Il peut s'agir d'une lettre ouverte, pour être entendu sur un sujet ou un autre. D'une lettre avec un destinataire précis avec qui nous souhaitons partager quelque chose. Il peut aussi s'agir de quelques mots sur le coin d'une feuille, un journal intime, des notes de téléphone… Une lettre à vous-même. Et parfois ces mots courent sur le papier pour créer quelque chose d'unique, de beau. Des chansons, des poèmes, des livres…

Bref, écrire peut se faire de 1000 façons différentes et pour tout autant de raisons.

Parfois, vous allez écrire sans but précis ou juste pour coucher sur le papier une idée ou une pensée. Et parfois, comme cela a été mon cas, vous allez écrire pour soulager vos maux internes avec des mots.

J'ai toujours apprécié de voir des personnes transformer le « moche » en « beau ». C'est-à-dire, utiliser leur souffrance, pour faire quelque chose de profond et de joli.

C'est le cas, selon moi, de nombreux rappeurs qui partageaient leur douleur et leur expérience à travers des textes et des mélodies touchantes et transportantes.

Bref, écrire peut-être une vraie thérapie. Que ce soit pour la personne qui tient le stylo ou pour celle qui lit ces mots.

➔ Je ne peux que vous encourager à vous acheter un petit carnet et à laisser votre imagination parler. Parfois, le simple fait de se mettre devant une feuille avec un mot ou une phrase en tête peut en faire découler bien d'autres qui vous permettront de vous libérer.

Cela a donc été mon cas à travers des « lettres à moi-même » que je m'écrivais, à chaque fois que j'avais besoin de mettre à plat une pensée qui me tourmentait. Et, cela est également le cas par ces mots, que vous lisez actuellement, et qui me permettent d'extérioriser et d'acter bien des choses dans mon processus de guérison.

Je souhaiterais vous partager ma « lettre à moi-même » préférée. J'ai écrit cette lettre durant un moment de « *down* » lors duquel je n'arrivais plus à me sentir soutenue. J'attendais trop de choses des autres et je ne parvenais pas à me faire comprendre. J'accumulais les déceptions et je n'arrivais pas à extérioriser tout cela.

« Lettre à ma solitude :

Chère moi, cela fait quelque temps que tu suis les paroles de ce cher Orelsan qui se décrit comme « seul avec du monde autour ».

Tu passes toutes tes soirées accompagnées, parfois de ta famille, parfois de tes amis ou parfois d'hommes sur lesquels tu comptes pour résorber tes blessures du passé.

Mais en réalité tu te sens seule, mais pas d'une solitude superficielle, non, d'une solitude bien plus profonde.

Cette solitude est en fait le résultat direct de la non-compréhension des gens par rapport à ce que tu ressens.

Mais pourquoi a-t-elle aussi mal ?

Mais pourquoi continue-t-elle à être tourmentée ?

Mais qu'est-ce qu'elle ressent vraiment ?

Tant de questions auxquelles tu n'arrives même plus à répondre sincèrement. Parce que dans le jeu de se faire accepter et comprendre du plus grand nombre tu te perds, jour après jour. Et tu ne sais ni qui tu es, ni ce que tu ressens profondément. Alors finalement, cette extrême solitude ne résulterait pas du fait que tu t'es perdu toi-même et que tu n'es plus là, en soutien, pour toi à chaque instant ?

Chère moi, ce n'est qu'un passage et tu finiras par te retrouver, et c'est à ce moment-là, que tu ouvriras les yeux pour te rendre compte à quel point tu es entourée ! »

J'ai commencé cette lettre par le simple mot « solitude » et le reste en a découlé. Tout est venu naturellement et cela m'a permis d'extérioriser des pensées que je n'arrivais pas à formuler depuis des mois. Cette lettre a été une vraie bouffée d'oxygène et m'a ôté un poids énorme.

➔ Maintenant c'est à vous d'écrire, écrire votre histoire, laisserparler votre imagination et peut-être, transformer vos maux en mots.

## JE VAIS VOIR UN PSY !
## JE N'AI PAS HONTE DE LE DIRE
## ET JE NE SUIS PAS FOLLE NON PLUS.

    Il était évident que j'allais parler des médecins qui m'ont aidée dans mon cheminement vers la personne que je suis aujourd'hui. Nous allons parler des psychologues dans ce chapitre.
    C'est simple, depuis mes 3 ans je vois des psychologues. Non, mes parents ne sont pas des psychopathes ou ne pensent pas que leur fille est folle. Je me suis simplement retrouvée à être la dernière d'une fratrie de trois enfants, en fonctionnant totalement différemment des deux premiers enfants. *Spoiler alert*, j'étais hypersensible, *non jure*.
    Je ne jetterais jamais la pierre à mes parents, même moi en Etant hypersensible, je me dis fréquemment que, si mes enfants s'avèrent l'être aussi, il me sera très compliqué de parvenir à les élever et à les comprendre comme je le voudrais. La seule différence c'est que, je connaîtrais l'hypersensibilité.
    Mes parents, eux, il y a 21 ans, n'avaient absolument aucune Idée de ce que c'était. Ils faisaient face à une petite fille perturbée, qui avait un trop-plein d'émotions qu'ils ne parvenaient pas à comprendre et qui était fortement touchée par des choses insignifiantes du quotidien.
    Je vais vous raconter une petite anecdote pour que vous Puissiez imager la complexité de la situation, certains hypersensibles se reconnaîtront certainement…
    À mon arrivée en primaire, j'ai complètement refusé de me détacher de ma mère, chaque matin je pleurais toutes les larmes de mon corps et refusais de me préparer. Ma mère me menaçait parfois de m'amener en pyjama à l'école car je refusais de

m'habiller. Une fois arrivée à l'école je continuais à pleurer, c'était un déchirement chaque matin.

*On dirait que ma mère était un monstre dit comme ça. Mais en vrai, c'est juste moi qui étais ingérable. J'espère qu'ils vont comprendre que ma mère est extraordinaire à travers mes écrits quand même…*

Les choses ne sont pas allées en s'arrangeant car, ma maîtresse de CP, ne savait apparemment pas non plus ce qu'était un enfant hypersensible et me mettait au fond de la classe, seule, en disant aux autres enfants de ne pas me prêter attention. Vous vous doutez bien que c'est à ce moment-là que mon harcèlement scolaire a débuté.

J'en profite pour remercier la maîtresse de la classe d'en face, elle ne lira probablement jamais ce livre mais, cette dame venait me chercher chaque matin avant le début des cours pour m'emmener voir tous les animaux qu'il y avait dans sa classe, c'est la seule chose qui m'apaisait.

Enfin bref, face à ce genre de situation, il est compliqué pour des parents de trouver des solutions viables sans connaître leur enfant.

J'ai donc commencé à consulter. Il y en a eu plein. Madame Dufour, Manon (oui j'en appelais certaines par leurs prénoms), Patricia, une dame blonde très gentille qui était enceinte, un vieux monsieur qui passait des coups de téléphone pendant nos séances, une dame blonde pas enceinte mais pas du tout gentille…

Ces différents spécialistes m'ont permis de tenir le coup et de m'adapter à ma situation d'enfant hypersensible. Certains m'ont montré les mauvais côtés de cette dernière et d'autres (mes préférés) m'ont présenté tous les avantages d'être hypersensible.

C'était un travail constant. Gérer mes relations avec les autres, gérer l'incompréhension des autres face à ma situation, gérer mon incompréhension… Le sentiment de solitude, les petites choses anodines qui venaient me poignarder le cœur. Mes réactions disproportionnées, ma différence, mon harcèlement…

Je profite de ce chapitre pour dire un immense merci à mes parents. Il n'a pas été facile pour eux de me comprendre…

Il est vrai qu'avec le temps, j'ai développé une relation privilégiée avec ma mère due à sa douceur et à sa patience, qui m'ont permis de trouver du réconfort à ses côtés. D'un autre côté il y avait mon père qui ne comprenait absolument pas d'où venait cette sensibilité accrue et avec lequel j'ai eu, durant de très longues années, une relation conflictuelle.

Mais que ce soit l'un ou l'autre, ils ont travaillé durement pour me comprendre et faire en sorte que je vive ma situation du mieux possible. Le fait qu'ils m'aient poussé à aller voir autant de psys a été certainement l'une des choses qui m'ont permis aujourd'hui, d'avoir appris à vivre avec mon hypersensibilité et d'en voir toutes les qualités. Alors, papa et maman, je vous remercie du fond du cœur.

Bon ok on arrête les discours émouvants et on reprend le fil de notre écriture (enfin lecture pour vous).

Au-delà de mon hypersensibilité et de mon harcèlement, les psychologues et psychiatres m'ont également aidé à surmonter mes traumatismes. En arrivant à Paris j'ai eu une chance incroyable, d'enfin tomber sur une spécialiste qui comprenait ma situation et qui a su me prendre en charge rapidement et de manière bienveillante.

Oui, Madame Susini, je parle de vous et je sais que vous lirez cela. Si j'évolue autant et que je deviens « la meilleure version de moi-même » c'est grâce à la thérapie que j'effectue à ses côtés.

J'ai aussi eu la chance qu'elle m'envoie vers l'un de ses collègues psychiatre, Kevin, qui m'a permis de balayer toutes les mauvaises expériences que j'avais pu avoir avec des psychiatres auparavant.

Un médecin à l'écoute et très agréable, qui a su trouver les bons médicaments pour m'aider ainsi qu'écouter mes demandes quant aux dosages et réactions que je pouvais avoir en les prenant.

Vous l'aurez compris, je fais totalement l'apologie des psychologues. Je vais même aller plus loin en affirmant que, selon moi, chaque personne sur cette planète devrait aller voir un psychologue. Il ne fait jamais de mal de parler et surtout d'extérioriser certains traumatismes, qui peuvent parfois être passés inaperçus mais qui modifient considérablement notre manière d'être et d'agir.

Pour ma part, j'ai également consulté des sophrologues, hypnotiseurs, sexologues… Il n'est pas interdit de tâtonner avant de trouver le spécialiste qui nous convient ! *Ça fait beaucoup quand même…*

Vous vous demandez peut-être pourquoi ce chapitre s'intitule « Je vais voir un psy ! Je n'ai pas honte de le dire et je ne suis pas folle non plus. ». Oui on a parlé des psychologues et des autres spécialistes mais il est primordial d'aborder le sujet de la « honte » autour du fait d'aller consulter un spécialiste pour sa santé mentale.

Cela a toujours été comme cela dans la société et surtout lorsqu'on est jeune, il est gênant d'avouer que nous allons consulter un spécialiste. Bien que cela se soit « normalisé » avec l'avènement de l'importance d'avoir une bonne santé mentale, ces dernières années.

Le souci est que, nous avons été habitués à voir le fait d'aller chez un spécialiste comme une faiblesse ou quelque chose d'anormal, et cela s'est ancré dans grand nombre de cerveaux. Je ne compte plus le nombre de fois où j'ai dit « tu devrais aller voir un psy ça pourrait te faire du bien de parler à un spécialiste » et que l'on m'a répondu « non mais ça va je ne suis pas fou ! ». Quel est le rapport ?

Il est grand temps de normaliser le fait d'aller consulter des spécialistes et de voir cela comme une forme de courage et d'investissement dans sa vie personnelle, plutôt qu'un signe de faiblesse ou de troubles mentaux.

## UTOPIE OU DYSTOPIE ?

Lorsque j'ai appris ce que ces deux termes signifiaient, je devais être au collège. J'ai ensuite approfondi ces sujets dans le cadre de mes cours de philosophie et, en grandissant, j'ai établi un parallèle entre ma vie, la vie, et ces deux antonymes.

J'ai conscience d'avoir eu une enfance privilégiée et, malgré le fait que j'ai connu le harcèlement scolaire de nombreuses années, j'ai toujours eu une vision très utopique du monde. « La vie d'adulte », ça avait l'air génial. J'ai passé toute mon enfance à envier les adultes, à me dire que j'avais hâte de, moi aussi, d'en devenir une.

Dans la tête de la petite fille que j'étais les adultes c'était cool !

Ils avaient de l'argent, ils n'étaient pas obligés de se coucher avant 22 heures quand il y avait école le lendemain, ils pouvaient choisir ce qu'ils allaient manger au repas. Ils avaient tous des téléphones, pouvaient sortir quand ils le voulaient, avaient le droit de dire des gros mots... Bref les adultes avaient « la vie de rêve » à mes yeux.

C'était clairement une utopie.

Je pense que c'est cela qui a été le plus dur après mon premier viol. Il y a une cassure nette entre le monde utopique dans lequel je pensais que l'on vivait, et la dystopie dans laquelle j'étais embarquée à ce moment-là de ma vie.

Pourquoi les gens sont méchants ? Pourquoi certaines

personnes peuvent aller jusqu'à tuer de sang-froid d'autres personnes ? Je passais des nuits à me poser ces questions. Je sais pertinemment que c'est une perte de temps, mais je n'arrive pas à accepter. Je n'arrive pas à me dire que tout cela est possible.

    J'ai longtemps continué à chercher le bon dans les personnes les plus mauvaises. Prenons comme exemple mes agresseurs, je les ai longtemps vus comme des jeunes un peu perdus et ne sachant pas gérer leur consommation d'alcool. Ça, ce n'est pas possible. C'est un gros non. Je le dis car je sais que je ne suis pas la seule à tenter de trouver le bon dans chacun d'entre nous.

    Il faut accepter le fait que certaines personnes sont mauvaises. Mais quand on y pense… En fait je pense que le plus sain serait de ne pas y penser, mais pour ma part c'est impossible.

*C'est un peu étrange d'écrire un livre car, à chaque sujet que j'aborde je me dis « est-ce que cela va intéresser quelqu'un ? Est-ce que cela va leur apporter quelque chose »* …

    Prenons par exemple la guerre actuelle entre la Russie et l'Ukraine. Ce n'est ici qu'un exemple de ce qui a déjà bien trop eu lieu dans le passé… Il est question de récupérer des parties d'un territoire et parce qu'une personne n'obtient pas ce qu'elle veut elle décide d'envoyer des hommes risquer leurs vies, mettre en danger des millions de personnes, enlever des vies… ça me paraît tellement surréaliste.

    Mais c'est ici un bon exemple de ce que les humains sont capables de faire lorsqu'ils n'obtiennent pas ce qu'ils veulent. Encore heureux que tous les humains ne réagissent pas de la sorte à chaque fois qu'ils n'obtiennent pas ce qu'ils veulent. Mais… combien de fois la vie nous a montré que si nous ne donnions pas à une personne ce qu'elle attendait de nous, cette même personne pouvait décider de nous pourrir la vie (à différentes échelles).

    Être maître de sa vie, c'est pour moi la chose primordiale à retenir constamment. Toutes ces personnes qui décident de se laisser aller à faire ressortir leurs démons à chaque fois qu'elles n'obtiennent pas ce qu'elles désirent, sont terriblement faibles.

Vous êtes le seul maître de votre vie et, c'est à vous que reviennent la majorité des choix de cette dernière. Vous pouvez décider d'être mauvais avec les gens à chaque fois que vous-même n'êtes pas bien dans votre corps et votre esprit. Ou alors, vous pouvez décider au contraire, d'inverser la tendance. De ne pas assouvir ces besoins pervers de faire du mal à autrui lorsque l'on souffre nous-même.

*Je ne sais pas si t'es clair dans tout ce que tu racontes ou si tout le monde a décroché. J'ai l'impression de philosopher là mais... Je n'ai jamais été claire dans mes dissertations de philo donc bon...*

## ON FINIT PAR S'EN REMETTRE…

Quels que soient votre âge et votre situation actuelle, vous avez quasiment tous déjà subi un traumatisme. Par « traumatisme » j'entends « un évènement de votre vie qui a été traumatisant ».

Nous avons souvent tendance à minimiser ce que l'on a vécu en se comparant aux autres. Moi la première, en écrivant la partie sur mes viols, je me disais « tu racontes cela mais les personnes qui sont en train de lire ton livre ont certainement vécu bien pire ! » Oui ! Et alors ?

S'il y a vraiment quelque chose que j'ai compris ces derniers mois, c'est que les traumatismes ne se comparent jamais. Deux personnes ayant vécu le même traumatisme pourront avoir deux manières extrêmement différentes de réagir et de le gérer.

Chacune des personnes sur cette planète a vécu des choses compliquées, et ce n'est pas une raison pour ne pas accorder d'importance à ce que nous avons vécu par peur de ne pas être légitime d'aller mal.

Maintenant que nous avons posé les bases, nous pouvons entrer dans le vif du sujet. Quel que soit le traumatisme que vous avez pu vivre, il est normal que cela prenne du temps, pour votre corps et votre esprit, de s'habituer à cette nouvelle partie de vous.

Car oui, un traumatisme arrive sans prévenir mais il n'est pas possible de s'en détacher et de le faire repartir comme il est venu. Il faut apprendre à vivre avec…

Dans la plupart des cas, si vous vivez une situation traumatisante, vous passerez par des phases de déni, tristesse, colère, acceptation…

Il est normal de passer par ces phases avant de pouvoir « accepter » cette nouvelle partie de vous et de vous adapter à des probables changements dans votre vie et dans votre manière d'être.

    Lorsque l'on est dans une situation de « choc post-traumatique » comme j'ai pu l'être ces derniers mois, il est souvent difficile de s'imaginer réussir à vivre à nouveau. Nous sommes sans cesse amenés à repenser à nos traumas et nous n'arrivons pas à voir au-delà.
Il est également fréquent de « vouloir oublier »…
Personnellement, je ne souhaite pas oublier mes traumatismes car ils font de moi la personne que je suis aujourd'hui. Si l'on me faisait oublier mes traumatismes cela me soulagerait certainement d'un gros poids… Mais avec le temps, je sais que je ressentirais un profond vide en moi, car cela fait à présent partie de qui je suis.

    Le rappeur Damso a écrit une lettre pour son fils et je souhaitais vous en partager un extrait, qui m'inspire beaucoup :
    « Sache que vouloir oublier c'est y penser tout le temps ! Accepte la fin de quelque chose pour en construire une autre. Quand tu seras grand tu penseras que c'était mieux quand tu étais petit, mais le temps a pour habitude de filtrer les aspects négatifs des souvenirs pour n'en laisser que le positif. Ne sois pas dupe ! Dernière chose, accepte-toi comme tu es. La propreté du corps devient primordiale quand la propreté de l'âme ne l'est plus. »

    Le temps a souvent tendance à nous jouer des tours par rapport à nos traumatismes. On ne garde pas forcément de souvenirs de la douleur que l'on a pu ressentir au début et, à chaque fois que l'on recommence à se sentir mal on se dit que c'est pire que tout ce qu'on a pu vivre avant. On pense aussi que l'on n'est pas capable de se relever et que l'on n'avance pas.
    J'en ai souvent moi-même fait l'expérience. Je ne me rendais pas compte de tout le chemin parcouru et, à chaque nouvelle épreuve, je ne me rappelais pas à quel point j'avais pu être forte face à des épreuves passées.

Je ne gardais en tête que le fait que finalement j'avais réussi à avancer, comme si cela avait été facile et que je n'avais pas passé des nuits à pleurer, des journées à me demander quand est-ce que j'allais enfin pouvoir faire taire cette douleur... Et le fait que le temps efface toutes ces parties douloureuses nous mène parfois à penser que chaque nouvelle épreuve est encore plus dure que la précédente.

➔ Gardez en tête tout le chemin parcouru. Gardez à l'esprit que vous avez parfois relevé la tête alors que vous n'aviez qu'une envie, c'était de vous laisser submerger et de sombrer. Gorgez-vous de toute cette force qu'il y a en vous et que vous alimentez à chaque épreuve, et ce qui vous paraît être une montagne à gravir aujourd'hui, vous semblera être une petite colline demain.

## PARDONNER

J'ai souvent entendu dire qu'il fallait pardonner pour réussir à tourner la page dans une situation. Seul problème, s'il y a bien quelque chose que j'ai toujours refusé de faire c'est pardonner.

J'ai toujours eu une très bonne mémoire pour retenir tout ce qui avait pu me toucher. Le problème c'est que, parfois, je ressors des choses que les gens ont pu me dire 5 ans auparavant et je leur en veux toujours pour ces choses-là. Je n'ai pas vu de soucis là-dedans jusque très récemment. On parle beaucoup du temps qui passe dans ce livre et du temps que l'on peut perdre ainsi que toute l'énergie que l'on peut dépenser pour une personne qui n'en vaut absolument pas la peine.

J'ai passé des jours et des jours à aller mal et à me torturer l'esprit avec un mot ou une phrase qui avait pu le heurter lorsqu'elle avait été prononcée. Mais à quoi cela a servi ? Cette manière d'agir n'impacte même pas la personne qui a pu vous faire du mal... La seule personne que cela impacte c'est vous-même.

C'est une double peine en fait. La peine infligée par ce qui a été dit ou été fait, et la peine que vous vous infligez en y repensant encore et encore.

Il y a autre chose que j'ai souvent entendu, « pardonner ce n'est pas oublier ». Depuis quelques mois j'applique beaucoup cela dans ma vie. Bien évidemment il y a des choses ou des personnes que je ne peux pas pardonner. Je ne pardonne pas mes violeurs pour ce qu'ils m'ont fait par exemple.

Mais dans la mesure du possible j'essaie de pardonner aux gens. Je n'attends pas leurs excuses et, la plupart du temps, ils ne savent même pas que je les ai pardonnés. Parce que le pardon est entre moi et moi-même. Je décide de pardonner une personne pour pouvoir avancer, arrêter d'être tourmentée par ce qu'elle a pu me faire ou me dire, et reprendre le cours de ma vie.

Le pardon n'est pas pour les autres mais pour vous-même. C'est ce que mon père m'a longtemps répété.

Alors aujourd'hui, je vous invite à, vous aussi, commencer à pardonner.

➔ Prenez un carnet et un stylo et essayez de vous rappeler, toutes ces petites choses pour lesquelles vous en voulez à des personnes. Ce que votre patron vous a dit, cette phrase que l'un de vos parents a prononcé sous le coup de la colère, ce que vos anciens amis ont pu vous envoyer au visage avant de vous tourner le dos… Toutes ces choses que vous n'avez pas vraiment archivées dans votre mémoire et qui continuent à vous tourmenter, même un tout petit peu. Et prenez le temps de pardonner à ces personnes-là. Je pardonne à mon patron de ne pas m'avoir considéré à ma juste valeur. Je pardonne à mes parents de m'avoir dit telle ou telle chose. Je pardonne mes anciens amis de m'avoir dit que je pleurais trop alors que j'avais juste besoin de réconfort…

Faites cela pour vous et non pour eux.

Mais le pardon ne concerne pas seulement autrui. Vous devez aussi vous pardonner vous-même et cela doit même devenir une priorité dans votre cheminement vers une vie plus saine et apaisée. Il y a certainement des dizaines de choses pour lesquelles vous vous en voulez. Vous être emporté lors d'un repas de famille, ne pas avoir pensé à l'anniversaire de l'un de vos amis, ne pas avoir rendu un dossier à temps… Toutes ces petites choses qui sont, souvent insignifiantes mais qui vous poussent à vous dévaloriser auprès de vous-même, sans même vous en rendre compte.

Vous êtes un humain et vous faites des erreurs. Vous avez des émotions qui parfois vous poussent à faire des choses qui ne sont pas alignées avec ce que vous voudriez faire... Cela arrive à tout le monde et vous ne devez pas continuer à vous en vouloir d'être humains et de faire des erreurs.

➔ Si vous le pouvez, reprenez ce carnet et ce stylo, et mettez-vous à écrire toutes ces petites choses pour lesquelles vous vous en êtes voulu, ou pire, pour lesquelles vous vous êtes dévalorisé.
Ecrivez-les et dites-le, à haute voix : « je me pardonne pour cela ! » *Je vais aller prendre un carnet moi aussi, car j'ai encore quelques petites choses pour lesquelles je ne me suis pas encore pardonnée...*

## JE N'AI PAS PEUR DE MOURIR, J'AI PEUR DE NE PAS AVOIR ASSEZ VECU !

J'ai toujours été terrifiée par la mort. Pourquoi la vie doit forcément se conclure par la mort? En fait on vit constamment dans l'inconnu. On se couche tous les soirs sans savoir si on se réveillera le lendemain ou non.

Quand j'étais plus jeune, la peur de la mort est réellement devenue une phobie et a commencé à m'handicaper considérablement dans ma vie. Je m'empêchais de faire certaines choses par peur de mourir.

Je me souviens que, lorsque j'étais au lycée, parfois je me disais « non je ne vais pas sortir » ou « non je ne vais pas traverser la route » ... Tout ça parce que j'avais peur de mourir.

Mais vous commencez certainement un peu à me connaître et vous savez que je ne peux pas me laisser aller à simplement subir quelque chose. Surtout s'il s'agit de quelque chose d'aussi important que la mort. Quelque temps avant mes 18 ans j'ai réfléchi et je me suis dit « Shana, tu perds beaucoup trop de temps et tout ce temps ne pourra jamais être récupéré. Il faut que tu commences à vivre et que tu arrêtes de survivre ! ». Vous avez vu ? À l'époque j'avais déjà du mal avec le concept de « survivre » et je commençais à me battre contre moi-même pour sortir de ma zone de confort. Je me suis donc demandé « qu'est ce qui me fait le plus peur ? » et la réponse m'est apparue comme une évidence... Sauter en parachute !

Le saut en parachute était vraiment ce qui, à l'époque, m'éloignait le plus de ma zone de confort. C'était terrifiant, se jeter dans le vide et prendre le risque de ne jamais retoucher la terre ferme en vie.

Je suis donc allée voir mes parents et je leur ai dit « je souhaite sauter en parachute le jour de mes 18 ans ! ». Ils se sont clairement demandé si leur fille était devenue folle. Ils savaient à quel point j'avais peur de la mort et savaient également que la peur me tétanisait et m'empêchait de faire plein de choses. Alors un saut en parachute... encore plus.

Je leur ai dit la chose suivante « je ne vais pas passer ma vie à être tétanisée par la peur, je veux vivre à 100 %. Alors, le jour de mes 18 ans je sauterai en parachute et, après cela, il y aura deux alternatives.
Soit je n'en sortirai pas vivante et ma vie s'arrêtera là. Soit je m'en sortirai et, à partir de ce jour-là, je n'aurais plus le droit d'avoir peur de la mort. ». C'est comme cela que, le 20 avril 2019, j'ai affronté ma plus grande peur.

J'ai un jour lu une citation qui m'a totalement fait changer d'avis sur la mort. « La mort peut être la plus belle opportunité de ta vie ! ».
C'est tellement vrai. Nous savons que la mort peut nous tomber dessus à n'importe quel moment. Il faut saisir cette opportunité pour vivre chaque jour comme si c'était le dernier de notre vie. Il faut toujours garder à l'esprit que, même la pire journée de votre vie, reste un miracle ! Vous vous êtes réveillé, vous avez encore l'opportunité de vivre durant cette journée... C'est toutes ces choses-là qui m'ont permis de me détacher de cette peur maladive qui me créait une angoisse permanente.

Puis un jour, j'ai vu la citation suivante sur une publication Instagram : « je n'ai pas peur de mourir, j'ai peur de ne pas avoir assez vécu ! ». Et là, votre peur prend un tout nouveau tournant.
Finalement cela va de pair avec la citation précédente et cette peur peut vous pousser à vivre encore plus intensément.

Mais alors, ça veut dire quoi « ne pas avoir assez vécu » ?
Pour ma part, j'ai toujours eu l'impression que je devais accomplir

des choses sur cette planète, faire le bien autour de moi et me servir de ce que je vivais pour aider encore plus de monde.

Après mes viols, j'ai décidé de créer une association pour informer et sensibiliser les jeunes sur différents sujets comme les violences sexistes et sexuelles, le harcèlement, les discriminations… C'était un moyen pour moi de me servir de tout le négatif que j'avais vécu pour le transformer en quelque chose de positif et avec du sens.

    C'est également ce que m'inspire le fait d'écrire des livres. Je me dis que cela aidera peut-être certaines personnes et, pour moi, plus j'aiderai de personnes à vivre pleinement et à être heureuses, plus je m'accomplirai personnellement. C'est donc cela pour ma part « ne pas avoir assez vécu », c'est ne pas être parvenue à aider assez de personnes à se développer personnellement. Et je m'accroche à cela
tous les jours à présent.

    ➔ Et vous ? Si vous repartez de cette citation et essayez de trouver ce qui vous permettra de dire « j'ai assez vécu » quand vous l'aurez accompli. Cela vous aidera peut-être à voir la vie d'une manière plus positive et, à votre tour, de voir la mort comme « la plus belle opportunité de votre vie » !

## LES ROSES ET LES EPINES

Il y a une citation de Jean d'Ormesson que j'affectionne tout particulièrement, elle est issue d'une interview dans laquelle il dit :

« J'ai jamais cessé d'être heureux. Vous savez il y a une phrase que j'ai souvent répété : « merci pour les roses, merci pour les épines ».
La vie n'est pas une fête perpétuelle, c'est une vallée de larmes, mais c'est aussi une vallée de roses. Et si vous parlez des larmes, il ne faut pas oublier les roses et si vous parlez des roses, il ne faut pas oublier les larmes ! ».

Cet homme qui a, entre autres, marqué l'histoire par son talent pour la philosophie, nous a livré, quelque temps avant sa mort, cette véritable leçon de vie.
Combien de fois nous sommes nous seulement concentrés sur le négatif ? *Pour ma part bien trop.*

Dès le moment où j'ai compris tout ce dont j'avais été victime, j'ai totalement éclipsé les belles choses, même petites, du quotidien.
Vous allez peut-être me dire, si ce sont des petites choses, il est normal de ne pas y prêter attention. Cependant, vous continuez à prêter attention à toutes ces petites choses, même insignifiantes, qui participent à votre spirale infernale de mal-être.

A la fin de la journée, allez-vous vous souvenir de cette personne qui vous a souri dans les transports ?

Allez-vous vous souvenir de cette personne qui vous a mal regardé ?

Peut-être allez-vous répondre « non » à ces deux questions ; mais il est quasiment certain que vous vous laisserez bien plus atteindre par la personne qui vous aura mal regardé que par celle qui vous a souri.

En tout cas, si ce n'était pas votre cas, c'était le mien. *Enfin bon, si cela ne vous est jamais arrivé, c'est soit que vous me mentez, soit que vous vous mentez à vous-même soit que vous êtes le Dalaï-lama.*

J'ai donc passé des mois entiers à répéter que ma vie était dure, que je souffrais, que c'était insupportable… C'était vrai ! Je ne remets pas en question ma souffrance et je vous demande de faire de même pour vous. Il est important d'accueillir vos émotions et de ne pas les juger.
De mon côté, j'étais tellement plongée dans mon mal-être que je ne voyais plus que ça. Comme si j'avais enfilé des lunettes rendant le monde entier dur, dangereux et négatif. Seulement, à côté de moi se passaient énormément de choses belles. Et pire que ça, j'en prenais parfois part.

Je suis donc en train de vous dire que durant ces mois où je pleurais constamment, où je me répétais que ma vie était la pire qu'il puisse t'être, j'avais parfois devant moi des situations magnifiques que je ne prenais même pas le temps de regarder ni encore moins de savourer.

Je pense que j'ai réellement pris conscience de cela lors d'un rendez-vous chez Livia *oui parfois, j'appelle ma psy par son prénom parce qu'elle est trop cool.*

Un jour, je suis encore arrivée en lui disant que depuis le début de ma dépression ma vie était à l'arrêt, que je n'arrivais à rien et encore mois à avancer.

Elle m'a donc demandé de dresser une liste de toutes les choses qui s'étaient passées depuis mon premier viol.
Sur cette liste, on pouvait y lire, entre autres :

- La création de mon association
- La mort de mon grand-père
- Mon harcèlement
- Mon second viol
- Mon vaginisme
- La réalisation d'un court-métrage
- La fin de mon vaginisme
- Mon déménagement

Alors oui, tout n'est pas positif. Mais face à cette liste qui contenait bien plus de choses, je m'en suis rendue compte… Oui, c'était évident, je passais complètement à côté du bonheur car je ne parlais que des larmes, tout le temps. Il y en avait des « larmes » mais il y avait aussi plein de jolies « roses » auxquelles je ne prêtais pas attention.

Aujourd'hui, et après un gros travail sur moi-même, je tente d'être plus lucide sur ma vie au quotidien. Je ne crois pas à cette citation qui dit « il y a des jours avec et des jours sans » j'aime penser que tous les jours sont « des jours avec » et que, même si certaines choses viennent me contrarier, je dois accepter les émotions que cela me procure sans pour autant éclipser tout le positif et la beauté de la vie.

Je vous invite à, vous aussi, dresser une liste de tous les événements marquants depuis votre traumatisme ou le début de votre phase de « déprime » ou de mal-être. Tentez d'être le plus lucide possible et de vous remémorer de tout ce que vous avez pu accomplir

Car oui, il sera certainement plus compliqué pour vous de vous souvenir des « roses » que des « larmes ».

➔ Une fois que cela sera fait et que vous pourrez vous rendre compte qu'il y a quand même des choses qui rendent votre vie plus douce et belle, tachez de vous en souvenir et de vous imposer cette lucidité sur votre situation au quotidien

## YOU ARE THE MAIN CHARACTER !

    Je pense personnellement que c'est l'une des notions la plus importante dans le développement personnel.
    Vous êtes les personnages principaux de vos vies et les autres n'en sont que des figurants, plus ou moins importants. Tout comme vous, vous n'êtes que des figurants dans la vie des autres personnes.
    Lorsque tu comprends cela tu remets en question de Nombreuses choses. Tout d'abord le fait que tu en aies voulu de nombreuses fois à des gens de ne pas être assez présents, de ne pas se rendre assez disponible… Le fait qu'une personne vous accorde une place dans sa vie, même petite, est déjà un cadeau magnifique qu'elle vous fait. Elle vous laisse apparaître dans son histoire, elle vous autorise même parfois à en changer le cours.
    Dans un sens, on ne peut donc pas en vouloir à une personne De ne pas nous accorder assez de place dans sa vie car c'est sa propre histoire. Je pense que l'on devrait remercier les gens autour de nous de nous permettre de prendre part à leurs histoires.
    En tout cas, moi je le fais ici et je remercie tous mes amis, mes connaissances et ma famille de me laisser une place dans leurs histoires respectives. Et je vous remercie aussi vous, lecteurs de ce livre, de me laisser une petite place dans votre vie en tant que figurante.
    Enfin bon, vous commencez à comprendre le principe et il est donc important d'en prendre conscience pour mieux appréhender la relation à l'autre mais aussi ce que l'on attend d'autrui.

Mais ce que nous disons ici doit d'abord marcher pour nous-même. Nous sommes le personnage principal mais aussi l'écrivain et le réalisateur. Nous sommes tout à la fois dans notre vie. Nous pouvons décider de tout. C'est notre histoire, pas celle de quelqu'un d'autre. Vous avez donc le premier rôle dans l'histoire de votre vie.

Nous passons beaucoup de temps à ne pas s'autoriser à faire ou dire certaines choses, à perdre du temps, à nous en vouloir… Mais c'est notre histoire, et nous avons le choix d'en changer le cours à chaque instant. De sauter une ligne, tourner une page, recommencer une scène ou alors même changer complètement de synopsis.

Alors oui, bien entendu il y a des évènements extérieurs qui viennent affecter notre histoire chaque jour et, parfois, ces évènements perturbent une grande partie de notre vie. Mais il ne tient qu'à vous de décider de tourner la page et de passer à un nouveau chapitre de l'histoire quand vous vous en sentez prêts. Cela étant dit, parlons maintenant des figurants de vos vies. Il peut s'agir de vos amis, de votre famille, de vos professeurs, collègues…
Ces personnes qui vont prendre part à votre histoire.

Nous parlons souvent d'abandon, et de la peur que cela arrive, dans ce livre. Mais finalement, lorsque quelqu'un nous abandonne, il quitte notre histoire et nous laisse avec d'autres figurants et toujours le personnage principal.

C'est comme si dans Harry Potter, Harry Potter mourrait. La saga même porte son nom, c'est son histoire, c'est sa vie avec tous les personnages secondaires qui en font partie. Si Harry Potter mourait cela reviendrait pour vous à votre propre mort et cela mettrait fin à votre vie, à votre histoire.

À présent, revenons à l'histoire d'Harry Potter. Beaucoup de personnages importants dans son histoire viennent à mourir, (je vais spoiler mais si vous n'avez toujours pas regardé la saga c'est votre problème pas le mien), ses parents, certains de ses amis, son parrain, certains de ses professeurs… Bien qu'Harry en soit affecté, son histoire est tellement palpitante qu'il ne s'arrête pas malgré le départ de toutes ces personnes. Il continue son histoire.

Ce que je veux vous dire ici c'est que, bien que certaines personnes ayant une grande place dans votre histoire viennent à vous abandonner ou à perdre la vie, cela reste votre histoire et vous ne devez pas l'arrêter pour un « personnage secondaire ».

On en revient finalement au chapitre sur le fait de s'aimer et de se considérer soi-même. Il est primordial de prendre le temps d'apprécier sa propre compagnie et de comprendre, que dans votre histoire, la personne qui importe c'est vous-même.

➔ Alors à présent, même si c'est un exercice très compliqué, je vous invite à vous remémorer ce chapitre aussi souvent que possible. Je veux dire par là que, lorsque vous serez dans une situation dans laquelle vous ne vous sentirez pas assez considéré ou alors que vous accorderez trop d'importance à quelque chose ou à quelqu'un, rappelez-vous.

Prenez un instant pour vous replacer dans cette idée que vous êtes le personnage principal de votre vie, tout comme vous n'êtes pas le personnage principal dans la vie des autres.

Vous verrez, au fur et à mesure cela vous permettra d'aborder les situations avec davantage de détachement et de réussir à y voir plus clair sur votre rôle à y jouer.

## L'ENFER SUR TERRE

Cette expression finalement assez familière a soulevé différents courants de pensées dont un affirmant que l'enfer n'était pas là-haut, ne correspondrait pas à ce que les croyants appellent « le jugement dernier » ... Non, l'enfer serait sur terre.
Malgré le fait que je sois croyante et qu'une partie de moi continue à croire au principe du jugement dernier, je dois avouer que cette idée que l'enfer est sur terre, commence de plus en plus à s'imposer comme une évidence à mes yeux.
Un jour j'ai eu une discussion avec une amie à moi qui a vécu beaucoup de choses très compliquées et je lui ai tenu les propos suivants. *J'avoue que je ne sais pas trop comment leur expliquer mon idée de ce concept sans citer cet exemple donc... bon ne réfléchis pas trop et écris.*
« Si tu as survécu à tout ça ce n'est pas pour rien. Tu as rencontré beaucoup d'épreuves dans ta vie et tout cela avait pour but de te forger.
L'enfer sur terre, tu connais ?
Il est ici, autour de chacun d'entre nous. Certains brûlent tandis que d'autres marchent et avancent entre les flammes. Nous avons été forgés pour pouvoir avancer dans les flammes et ne pas brûler ! ».

Ce que je veux dire par là c'est que, nombre d'entre nous avons connu de grandes épreuves, épreuves durant lesquelles nous aurions pu nous laisser gagner par les flammes et nous contenter de brûler et de périr. Cependant, nombre d'entre nous (et je pense que c'est votre cas si vous lisez ce livre) avons décidé de nous battre pour continuer à avancer.

Toutes ces épreuves nous font connaître l'enfer sur terre, nous montrent que le monde n'est pas aussi beau que ce que l'on pourrait le penser et que, les humains peuvent eux-mêmes devenir des « démons » dans nos vies.

En continuant à avancer même quand le feu gagne de plus en plus de terrain, nous prouvons que nous souhaitons vivre. Nous combattons jour après jour les forces sombres de cet enfer et nous pouvons, petit à petit, devenir si forts, que plus rien ne pourra nous atteindre.

➜ Le but de votre développement personnel doit être, tout d'abord, de voir cet enfer sur terre et de comprendre son fonctionnement.
Puis de continuer à avancer malgré les flammes.

Tout cela dans le but de survivre à cet enfer mais surtout d'apprendre à vivre malgré les flammes.
*C'est un chapitre très mystique et j'espère ne pas avoir perdu les lecteurs… Je vais passer au suivant.*

## LE MIEL ET LE VINAIGRE

Ce chapitre est directement inspiré de la chanson du même nom de Lomepal. Dans cette dernière, il affirme clairement que, sans le vinaigre, il ne peut pas vraiment y avoir de miel.

On vous l'a déjà peut-être affirmé mais, si votre vie n'était que rythmée de moments simples, beaux... Si votre vie n'était que douceur et réussite ; tout cela n'aurait plus la même saveur.

Vous ne pouvez pas vous rendre compte à quel point le miel peut être doux et sucré, si vous n'avez pas goûté quelque chose d'aussi acide que le vinaigre.

Eh bien c'est la même chose pour la vie. Comment voulez-vous savourer les moments de bonheur immense, de plénitude ou encore de réussite, si cela devient votre quotidien.

C'est la même chose que l'affirmation « l'argent ne fait pas le bonheur ! ». Bien évidemment l'argent fait le bonheur en un sens, quand nous vivons avec des moyens modestes, l'argent représente une vraie récompense et ce que l'on peut s'acheter avec représente un petit bonheur. Cependant, si vous pouviez avoir tout ce que vous voulez, et que vous aviez un compte bancaire qui se remplissait à chaque fois que vous le vidiez, vous ne seriez jamais pleinement satisfait de ce que vous avez.

Je me suis rendu compte de cela l'année de mes 18 ans. J'ai débuté l'année en partant en voyage au Mexique, j'ai découvert les plus beaux paysages que la vie m'avait donné l'occasion de voir et j'ai eu l'occasion de vivre cela avec mes parents et Salomé, qui nous avait offert le voyage. Le jour de mes 18 ans j'ai sauté en parachute, puis j'ai fêté mon anniversaire entouré de nombreux amis (anciens amis).

J'ai obtenu mon baccalauréat, j'ai été prise dans l'école que je voulais (qui finalement n'était pas si bien que ça) et j'ai embarqué pour mon « voyage d'anniversaire ». J'ai eu l'occasion de passer deux semaines à New York avec Salomé et nous sommes allés visiter le Canada, c'était mon plus grand rêve.

Enfin bref, cette année-là a certainement été la plus belle de ma vie et… devinez quoi ? J'ai passé mon temps à me plaindre et à ne pas me rendre compte de tout ce que j'avais la chance de vivre. Je me suis obligée à rester enfermée dans ma chambre toute une journée pour faire le point sur tout ce que j'avais vécu et véritablement m'en rendre compte.

Je ne dis pas que je n'étais pas reconnaissante, et je ne suis pas un enfant « pourri gâté » qui ne se rend pas compte de la chance qu'il a. Je pense simplement que quand la vie est trop douce, trop belle et trop facile, il est compliqué de se rendre compte de la chance que l'on a.

Après avoir passé de nombreux mois compliqués ces dernières années, il m'arrive d'avoir les larmes aux yeux lorsque je me retrouve sur une trottinette, dans les rues de Paris en pleine nuit. C'est à ce moment-là que je me souviens à quel point la vie a pu être acide, à quel point elle a pu être dure, me faire souffrir. Je me souviens de tous ces moments où je ne pensais jamais pouvoir m'en sortir, jamais pouvoir reprendre une vie normale. Et je me rends compte que j'y suis, je suis dans ma vie et je décide que c'est possible de vivre.

Je pense objectivement que cela ne fait pas plus de 6 mois que je me rends vraiment compte de la chance que j'ai. Il suffit de petites choses, voir mon frigo plein, avoir soif et ne devoir faire que quelques pas pour calmer ma soif, pouvoir me balader dans Paris quand je le veux, pouvoir rire, sourire, pouvoir passer des moments de plénitude totale… Je suis reconnaissante pour cela chaque jour.

➔ Je vais mettre rapidement en place une nouvelle routine dans ma vie que je ne peux que vous encourager à suivre et à adapter à vos besoins.

Chaque matin j'aimerais méditer une vingtaine de minutes au réveil et finir cet instant hors du temps en citant, à voix haute, trois choses pour lesquelles je suis reconnaissante.

C'est le genre de petites habitudes que vous pouvez facilement faire entrer dans votre routine et qui vous permettront, sur le long terme, d'être plus heureux et plus apaisés.

Autre chose que j'apprécie de plus en plus c'est de remercier les gens. Les remercier pour qui ils sont, pour ce qu'ils m'apportent ou tout simplement leur dire « merci » sans rien ajouter. Toujours dans l'idée que nous ne sommes qu'une personne parmi tant d'autres dans la vie des autres, je pense qu'il est important d'être reconnaissant envers les autres pour ce qu'ils peuvent nous offrir. Que ce soit du temps, du bonheur, quelques mots, un sourire, de l'affection…

Tout comme il est important d'être reconnaissant envers soi-même pour toutes les choses que l'on fait et qui participent à notre bien-être et à notre développement personnel.

➔ Vous pouvez et vous devez vous remercier de prendre le temps de lire ce livre, qui contribue (je l'espère) à votre développement personnel.

Alors ne l'oublions plus, le miel ne serait pas ce qu'il est s'il n'y avait pas le vinaigre ; et je vous invite à aller écouter cette musique pour conclure ce chapitre.

## « TU COMPRENDRAS QUAND TU SERAS PLUS GRAND(E) ! »

J'aimerais commencer ce chapitre avec une lettre que je me suis écrite à moi-même. J'espère qu'elle leur parlera et qu'ils se reconnaîtront dans cette lettre…

« Toi petite princesse qui t'émerveilles devant tout. Toi qui souris face à chaque personne que tu croises. Toi qui questionnes tout sans écouter les réponses.

Tu passes ton temps à te répéter que tu es impatiente d'être grande, de tout faire comme les adultes et de tout connaître du monde environnant.

Tu grilles les étapes et tu essaies de grandir toujours plus vite, pour ressembler aux personnes que tu admires tant. Mais en fait, qu'est-ce que tu admires ? Les personnes ou l'image qu'elles te donnent d'elles-mêmes ?

C'est le genre de phrase qui serait suivie par « tu comprendras quand tu seras plus grande ! ». Encore une expression que tu détestes et qui a le don de te mettre en colère. Si seulement tu savais…

Si seulement tu savais, petite princesse, que le monde des grands n'est pas un monde dans lequel on se contente d'être heureux car on a le droit de dire des gros mots ou de se resservir des frites.

Non ! Le monde des grands c'est le monde dans lequel il Devient de plus en plus compliqué de s'émerveiller. Toutes ces choses pour lesquelles on te répète « tu comprendras plus tard », eh bien, quand tu comprends, tu regrettes.

Mais toi, petite princesse, tu continues à avoir des étoiles dans les yeux, à ne pas te rendre compte du malheur environnant et tu continues à t'émerveiller ! ».

J'ai écrit cette lettre un soir, alors que je venais de voir une vidéo d'une petite fille, s'émerveillant devant l'un de ses cadeaux de noël.

Le concept de « l'émerveillement » a de nombreuses fois était traité en philosophie et en psychologie. L'écrivain et psychiatre Édouard de Perrot, suggère une clé : « À force d'intelligence, on peut perdre de vue son esprit. S'émerveiller, c'est accepter de ne pas tout comprendre. Et laisser les choses s'éclairer plutôt que vouloir les expliquer. »

La capacité d'émerveillement se perd donc avec le temps. En grandissant nous ressentons le besoin de tout comprendre, de trouver une explication rationnelle à toutes les petites choses.

Tandis que, lorsque l'on est petit, le fait qu'un vieux monsieur bien portant, puisse entrer par la cheminée pour déposer des cadeaux sous le sapin, paraît être une chose tout à fait plausible, pour nous, adultes, cela nous ferait très vite penser à un cambriolage, quelque chose de négatif, voir malsain.

Ce n'est ici qu'un exemple parmi tant d'autres et, le fait de s'émerveiller ne doit pas non plus s'apparenter à tout croire et à faire confiance à tout le monde. *Ça paraît évident mais je ne suis pas certaine d'être claire, peut-être qu'ils se disent que j'ai pété un câble ?*

Cependant, je pense sincèrement qu'en grandissant, on comprend tellement de choses, on est tellement confrontés à des malheurs, injustices et autres infamies, que nous perdons cette lueur dans le regard. Plus on grandit, plus on remplace cet enfant intérieur par un adulte raisonné et prudent. Bien évidemment il en va de votre sécurité, mais il est bien trop triste de perdre cet émerveillement…

Toutes ces choses que vous avez à présent comprises, parce que vous êtes « plus grands », ne doivent pas pour autant vous enlever foi en la vie et en l'être humain. Cultivez, jour après jour, cette capacité là vous émerveiller devant des petites choses. Levez les yeux, faites appel à vos sens, rendez-vous compte du monde environnant et recommencez à vous émerveiller devant les petites choses.

➔ Faites une liste des petites choses pour lesquelles vous vous émerveilliez plus jeune. Commencez à vous ouvrir à de nouvelles choses, à vous autoriser à ne pas trop penser et à laisser vos sens s'éveiller pour, à nouveau, pouvoir vous émerveiller.

## CEUX QUI AIMENT BRONZER

Je pense que dans la vie il y a deux types de personnes. Ceux qui aiment bronzer et ceux qui fuient ou râlent à chaque fois qu'ils voient le soleil.

J'en avais précédemment parlé mais, nous sommes tous des petits soleils et, c'est en cultivant le positif que nous pouvons nous développer. C'est également en aidant les autres à se développer et à briller un peu plus chaque jour que nous pouvons être heureux.

Cependant, certaines personnes ne pensent pas pareil et ont tendance à vouloir voir les gens autour d'elles souffrir lorsqu'elles souffrent, être en colère lorsqu'elles le sont…

Nous ne nous en rendons pas forcément compte mais ces personnes peuvent s'avérer très nocives pour nous et pour notre bien-être et santé mentale.

C'est pour cela qu'il faut, selon moi, s'entourer de personnes qui aiment bronzer. C'est-à-dire, des personnes qui vont valoriser vos différences, votre positivité, qui vont vous pousser à être vous-même et à vous développer pleinement. Ces mêmes personnes qui vont vous soutenir dans vos projets, qui vont être heureuse à l'idée de vous savoir heureux vous-même…

Ce chapitre est finalement basé sur une idée assez simple qui est celle de bien s'entourer… Mais on oublie souvent ce que cela signifie d'être « bien entouré ».

On a tendance à normaliser les remarques négatives venant de personnes proches de nous. On se dit naïvement que ces personnes veulent votre bien et que nous adapter à elles sans trop réfléchir. C'est comme cela que nous risquons de briller de moins en moins selon moi. Car oui, la différence est une force mais aux yeux du plus grand nombre, il est important de la garder pour soi. Et c'est à ce moment-là qu'il faut savoir faire preuve de lucidité pour s'éloigner des personnes qui nous empêchent d'être nous-même, pour se rapprocher de personnes qui aiment nos différences, qui aiment bronzer.

➔ Prenez le temps de trouver ces personnes qui vont enfiler leurs lunettes et mettre leur crème solaire pour venir bronzer sous vos rayons. Ces personnes qui vont vous accepter et être de bons conseils. Bien évidemment cela en va de même pour vous. Rappelez-vous nous sommes toujours le soleil de quelqu'un d'autre, il ne faut juste pas laisser trop de place aux nuages.

## METRO – BOULOT - DODO

Cela fait plusieurs années maintenant quand je suis entrée dans « le monde du travail ». Quelle terrible appellation ; comme si le travail nous faisait « voyager vers un autre monde ». Alors qu'en fait, ce monde-là, c'est le nôtre !

*Okaaayyy la philosophe du calme, tu vas les perdre !*
Je m'explique, le travail est un élément central de notre existence.
Pour vivre nous avons besoin d'argent et pour avoir de l'argent nous devons travailler. *Merci Einstein on le savait !*

Donc si notre vie doit se résumer à travailler pour subvenir à nos besoins, et que le « métro, boulot, dodo » devient réellement notre quotidien, comment pouvons-nous arrêter de survivre ?

Il y a bien évidemment beaucoup d'exceptions qui sont, par exemple, toutes les personnes qui font des
« métiers-passions »…
Mais voilà, je suis encore très jeune et je ne peux que constater le stress constant dans lequel sont les gens au travail. Stressés par les deadlines, stressés par les résultats, stressés par l'échec, stressés pour leur poste… STOP !

Une vie de stress constant n'est pas une vie. Je me demande même si l'on peut considérer ça comme de la survie.
Alors vous êtes peut-être en train de penser que c'est comme ça et que vous n'avez pas le choix de travailler, et… c'est certainement vrai !
Cependant, vous avez le choix de décider que ces innombrables heures, passées au travail, ne soient pas forcément liées à du

stress perpétuel.

L'une des choses qui est la plus importante à mes yeux, c'est pouvoir être soi-même au travail.
Bien évidemment, tout le monde n'a pas un travail dans lequel il est possible de laisser parler sa créativité… Cependant, il est pour moi primordial de pouvoir être moi-même au travail.

Cela ne veut pas dire faire du shopping et câliner mon chat en sous-vêtement tout en lisant un livre (ce n'est qu'un exemple je ne fais pas ça de mes journées « off »). *Tu ne mens à personne ici Shana…*

Mais je refuse catégoriquement de devoir me museler dans l'endroit où je passe près de la moitié de mes semaines.
Je veux pouvoir rire, parler (fort parfois), me faire des amis, me sentir bien, être passionnée par ce que je fais, laisser parler ma sensibilité, me sentir utile…
Je veux être moi !

Et vous savez quoi ? Tout est totalement réalisable et vous aussi vous devriez vous imposer cette règle : être vous-même au travail pour ne pas survivre.

➔ Voici quelques conseils que vous pouvez appliquer pour essayer de trouver un mode de travail plus sain :
- Trouver un équilibre entre vie pro et vie perso
- Aménager son bureau de sorte que son cadre de travail soit agréable.
- Créer une routine saine qui permette de décompresser avant et après le boulot
- Fuir les entreprises dans lesquelles on ne peut pas être soi-même.
- Favoriser les entreprises dans lesquelles il y a un vrai souci du « bien-être » des salariés.
- Prendre le temps de faire des pauses

## OVERDOSE[17] SOCIALE

Je ne sais pas si je suis la seule mais, cela fait quelques mois que je rencontre de plus en plus ce phénomène « d'overdose sociale ».
Il faut savoir que je suis quelqu'un qui, à la base, aime les gens, a besoin d'être entourée, d'interagir avec d'autres personnes... Mais depuis quelque temps, j'ai parfois besoin de faire des pauses.
Je pense que cela s'est développé au moment où j'ai commencé à apprécier d'être seule. Lorsque l'on apprend à apprécier le vrai calme, la sérénité... Nous avons parfois besoin de tout stopper.
Car finalement, la vie, c'est un tourbillon d'informations qui ne s'arrête jamais. Nous devons sans cesse sourire, parler, être alerte... dès que nous sommes en présence d'autrui. Cette situation est devenue épuisante pour moi et cela va même jusqu'au simple fait de communiquer avec des gens.
Par exemple, j'ai toujours été la personne qui répondait aux messages en instantané. Je pense que cela venait du fait que je me souciais beaucoup du regard des gens et que j'avais peur qu'ils arrêtent de me parler si je ne répondais pas assez vite. Aujourd'hui, je n'arrive plus à répondre rapidement aux messages ni même à tenir une longue conversation.

Cela me crée très rapidement de l'anxiété et je ressens le besoin de me déconnecter de mon téléphone et de faire autre chose. Il en va de même pour ma consommation des réseaux sociaux. Il y a un moment où j'atteins un stade d'overdose et où je le ressens autant mentalement que physiquement. Quand je

---
17 Excès de quelque chose qui affecte notre bien-être mental ou physique.

parle d'overdose c'est parce que mon corps me le fait réellement ressentir comme cela.

Je commence à saliver plus que d'habitude, à avoir des nausées, mal à la tête, à être épuisée et très irritable. C'est à ce moment-là que je me rends compte que je suis en « overdose sociale ».

➔ Si cela vous arrive également je vous conseille, dans un premier temps, d'analyser les différentes situations qui vous mettent dans cet état et l'élément déclencheur de cette « overdose ». Une fois que cela est fait, vous devez adapter votre manière de faire pour que cela corresponde davantage à vos besoins actuels.
Encore une fois, le plus important est de s'écouter et de se comprendre.
Et quand vous sentez la crise arriver, n'oubliez pas, retournez dans votre bulle de sérénité qui est toujours en vous et à votre disposition.
C'est ce qui vous permettra de tenter de vous apaiser et de stopper la spirale infernale d'anxiété et d'angoisse.

## JE DOIS VOUS LAISSER !

Vous qui lisez ces mots, je tiens tout d'abord à vous remercier d'avoir donné sa chance à mon tout premier livre, d'avoir pris le temps de le lire, et, peut-être, de vous servir déjà de certaines de choses que vous avez pu y trouver.

Il est temps pour moi de terminer ce premier livre puisqu'il renferme tous les sujets qu'il me tenait à cœur d'aborder dans le cadre d'une reconstruction et d'un cheminement vers une vie plus positive.

Je dois vous laisser continuer ce cheminement seul, travailler sur vous-même et vous accomplir comme vous le désirez profondément.

Ce livre sera toujours là pour vous aider à avancer et à vous rappeler certaines choses si vous en ressentez le besoin. Mais c'est vous et uniquement vous qui pouvez décider de changer et d'avancer.

Vous en êtes capable, qui que vous soyez et quelle que soit votre histoire car, bien que la vie ne soit pas toujours facile, nous avons déjà une chance immense d'avoir l'opportunité de la vivre et d'écrire notre propre histoire.

Arrêtons de perdre du temps à ressasser le passé ou tout ce que nous aurions dû dire ou faire.
Tournons la page du livre de notre vie et commençons à écrire la suite de l'histoire qui peut prendre un tournant bien différent du début de cette dernière.

J'espère que ces quelques pages vous auront servies à mieux vous comprendre ou à mieux comprendre une personne de votre entourage qui se trouve en souffrance.

Quoi qu'il en soit, si vous ressentez le besoin de vous faire aider et accompagner, n'attendez pas ! Vous pouvez consulter un psychologue ou un autre spécialiste, et même en trouver des « gratuits » en cherchant sur internet.

En attendant, je vous souhaite une belle route vers la vie que vous méritez et qui vous permet d'être pleinement heureux et heureuses.
Ne doutez pas de vous, vous êtes capable de faire des merveilles, il faut simplement le croire et ne pas lâcher, jamais !
Il est grand temps d'arrêter de survivre et de commercer à vivre !

**Début.**

# SUR

# VIVRE

## CE LIVRE A FAILLI NE JAMAIS ETRE ENTRE VOS MAINS

A l'heure où j'écris ce chapitre que je pourrais définir comme un « hors-série », de nombreux mois se sont écoulés depuis l'écriture des chapitres précédents.

J'ai commencé à écrire par besoin, j'ai continué par envie et j'ai terminé par passion. Ce livre est un cadeau que je me fais à moi-même, celui de faire un pas de plus vers la guérison, mais aussi de pouvoir peut-être aider de nombreuses personnes.

Vous allez me dire, « mais pourquoi alors tu ne voulais plus le publier ? ».
Il y a trois grandes raisons à cela, que je souhaite vous partager aujourd'hui et avant de finir ce premier livre qui sera le début d'une belle aventure littéraire, je l'espère.

→ Pour commencer, j'ai eu l'occasion de discuter avec plusieurs « maisons d'édition » et d'en choisir une avec laquelle j'ai signé. *C'est le moment où ils vont se rendre compte qu'il y a un souci, car il n'y a pas de logo de maison d'édition sur la couverture…* Alors, oui c'était clairement une arnaque et après leur avoir laissé près de 500€, j'ai décidé de rompre le contrat en me rendant bien compte que cela ne mènerait à rien.

→ Le fait de me mettre à nu. *Non, pas déjà, je vous le promets, vous n'allez rien voir qui pourrait heurter la sensibilité d'un jeune public.* Par contre, ce que vous venez de lire, représente le plus profond de mon être et de mon histoire, et la partager publiquement, c'est… TERRIFIANT !

Je pense à ma vie professionnelle, à ma vie personnelle, aux répercussions…

→ Enfin, et pas des moindres, le fait que tous les lecteurs de ce livre auront un droit de parole sur la qualité de son contenu.
Ce n'est as un problème de recevoir des critiques, ce n'est ici que mon premier livre, j'ai encore bien des choses à apprendre…
Cependant, les réseaux sociaux étant l'un des seuls moyens de me faire connaître aujourd'hui m'exposent à un possible déferlement de haine et de harcèlement sur le contenu de mon livre mais aussi sur la manière dont il est écrit.

Alors j'ai renoncé. J'ai annoncé que je ne publierai pas ce livre. Ce n'était pas vraiment un problème puisque c'est l'essence même de ce livre, voir le positif, ne pas laisser une petite épreuve nous anéantir.

Sauf que voilà, cela m'a anéanti. Pour la première fois de ma vie, je n'avais pas l'impression d'avoir échoué, je ne m'en voulais pas d'avoir baissé les bras. Non ! J'étais vide. J'avais la sensation que l'on m'avait coupée de mon plus grand objectif, de ce qui m'anime au quotidien, partager et aider les autres.

Alors j'ai décidé de prendre le risque, et finalement de ne pas survivre et de vivre, enfin.

PUTAIN JE L'AI FAIT ! JE SUIS ECRIVAINE !

Merci à vous de m'en donner l'opportunité et, j'espère du plus profond de mon cœur que ce livre vous aura fait sourire, réfléchir et peut-être même avancé.

## ANNEXES

**Si vous avez besoin d'aide, voici quelques numéros qui pourront (je ne l'espère pas) vous être utiles :**

- SOS Enfance en danger : 119

- Violences conjugales : 3919

- LGBT Net écoute : 0810 20 30 40

- France Victime : 116 006

- Non au harcèlement : 30 20

- Drogues info services : 0800 23 13 13

- Écoute Alcool : 0 980 980 930

- Tabac Info : 39 89

- Sida infos service : 0 800 84 08 00

- Numéro d'urgence pour les personnes sourdes ou malentendantes :114

**LISTE NON EXHAUSTIVE DES MUSIQUES QUI ME PERMETTENT DE M'APRAISER :**

- The World to Come – Frederika Stahl
- Primavera – Ludovico Einaudi
- Fly – Ludovico Einaudi
- Lights Are On – Tom Rosenthal
- It's Ok – Tom Rosenthal
- To build a home – The Cinematic Orchestra
- Light Years – Georgi Krastev
- I leave again – Petit Biscuit
- Le cœur nous anime – Ben Mazué, Poupie
- Mystery of Love – Sufjan Stevens
- Happier than ever – Billie Eillish
- I love you – Billie Eillish
- Moral of the story – Ashe
- Too Much – Tora
- Se casser – Styleto
- Notes pour trop tard – Orelsan, Ibeyi
- You've Got The Love – Florence & The Machine
- Shootout – Izzamuzzic, Julien Marchal
- If We Ever Broke Up, I'd Never Be Sad – Royal Sadness
- Before I Die Wall  - Keegan DeWitt
- Le miel et le vinaigre – Lomepal
- Trop beau – Lomepal
- Evidemment – Lomepal
- Deux Toiles De Mer – Damso

## LISTE NON EXHAUSTIVE DES LIVRES A LIRE DE TOUTE URGENCE :

- *L'homme qui voulait être heureux* – Laurent Gounelle

- *Le premier jour du reste de ta vie* – Virginie Grimaldi

- *Kilomètre zéro* – Maud Ankaoua

- *Respire* – Maud Ankaoua

- *Le soleil et ses fleurs* – Rupi Kaur

- *Lait et miel* – Rupi Kaur

- *Tout le bleu du ciel* – Melissa Da Costa

- *Les quatre accords toltèques* – Don Miguel Ruiz

- *Si la vie te donne des citrons, fais-en une tarte au citron meringuée* – Charlotte Lémanµ

- *Ta deuxième vie commence quand tu comprends que tu n'en as qu'une* – Raphaëlle Giordano

- *Et ils meurent tous les deux à la fin* – Adam Silvera

# TABLE DES MATIERES

Préface……………………………………………………7

Par où commencer ? ……………………………………13

Suite………………………………………………...23

Survivre……………………………………………...25

« La zone de confort inconfortable »……………………31

Tu n'as plus assez de vie ! ……………………………35

La douleur étouffée………………………………………39

Je ne suis pas cette fille-là ! ……………………………..43

Qualités ou défauts ? …………………………………51

Plaire à tout le monde……………………………………55

Mauvais souvenirs………………………………………59

Le viol……………………………………………………63

Ceci est une thérapie……………………………………67

Ceci n'est pas une thérapie………………………………75

Ecrire c'est………………………………………………83

Je vois un psy ! Je n'ai pas honte […]…………………...87

Utopie ou dystopie ? ……………………………………91

On finit par s'en remettre………………………………...95

Pardonner………………………………………………99

Je n'ai pas peur de mourir, j'ai peur de ne pas avoir […]…….103

Les roses et les épines……………………………………..107

You are the main character !……………………………...111

L'enfer sur terre…………………………...……………….115

Le miel et le vinaigre……………………………………...117

« Tu comprendras quand tu seras plus grand(e) ! »………121

Ceux qui aiment bronzer…………………………………..125

Métro – Boulot – Dodo……………………………………127

Overdose sociale………………………………….....……..129

Je dois vous laisser………………………………………...131

Ce livre a failli ne jamais être entre vos mains…….………137

Annexes…………………………………………………....140

Remerciements…………………………………………….148

## Remerciements

Sabine Krief pour la douceur et la patience dont elle fait preuve depuis ma naissance. Mais aussi pour ses conseils et son avis qui me sont si chers.

Dov Krief pour son humour qui a toujours su me détendre, ses conseils parfois maladroits mais qui ont toujours une résonnance en moi et dans mes projets.

Salomé Krief, pour tellement de choses, mais surtout pour le fait qu'elle fasse en sorte d'être la meilleure sœur du monde, et qu'à ce poste, elle excelle !

Opale Krief, mon chat, ma meilleure amie, ma safe place.

Livia Jampy et Camille Pastier pour leur présence depuis tant d'années dans ma vie ainsi que pour leur soutien dans tous mes projets.

Loona Gonod et Lisa Boyer pour leur capacité d'émerveillement (et pour toutes les autres choses que l'on ne peut pas écrire dans un livre).

Caroline Moreau, Lauréline Ferrand, Flavie Noblet et Juliette Pommaret, de faire partie de ces personnes « qui aiment bronzer ».

Myriam Abdelli, Ambre Huerre Paitry et Tiffany Nogueiro pour leurs conseils et leurs oreilles attentives.

L'artiste Vogel pour m'avoir donné l'opportunité de participer à son album « Dernier Souffle ».

A Tony Martinez et à tous les autres, pour m'avoir donné la force dont j'avais besoin pour sauter le pas de l'auto-édition.

Et à tous ceux qui ont contribué financièrement à ce projet : Mailys Padiolleau, Arthur Conreur, Olivia Bance, Isabelle Fabre, Isabelle Janelle, Remi Etievent, Emilie Lebourcq, Rosilda Manoharan, Louise Roudier, Emmanuelle Benoist, Ghislain Vacherot, Léa Carpentier, Arnaud Damien, Thaïs Bohnet, Roza Abbes, Dimitri Habas.

Enfin, je tiens à vous remercier vous, qui tenez ce livre dans vos mains. Car c'est le meilleur soutien qu'il puisse y avoir.